EL ARTE ESTOICO DE MORIR:

SERENIDAD Y VIRTUD FRENTE A LA MUERTE

ESTOICO

CONTENIDO

Introducción: El estoicismo frente a la muerte 5
Capítulo 1: La percepción estoica de la muerte 11
Capítulo 2: Aceptando nuestra propia mortalidad 21
Capítulo 3: Afrontando la pérdida de seres queridos 29
Capítulo 4: La dicotomía del control aplicada al duelo 37
Capítulo 5: Desarrollando resiliencia ante la adversidad 47
Capítulo 6: Vivir en el presente y valorar el ahora 57
Capítulo 7: La muerte como maestra de la vida 67
Capítulo 8: Prácticas estoicas para encontrar paz en lo inevitable 75
Conclusión: El camino hacia la serenidad estoica 83
Meditaciones de un verdadero estoico 91

INTRODUCCIÓN: EL ESTOICISMO FRENTE A LA MUERTE

La muerte ha sido un tema central en el pensamiento filosófico y existencial de la humanidad desde tiempos remotos. La forma en que la enfrentamos determina, en gran medida, cómo vivimos nuestras vidas. Desde las primeras civilizaciones hasta nuestros días, la incertidumbre y el temor frente al fin de la existencia han sido una constante en la experiencia humana. En este contexto, el estoicismo, una de las escuelas filosóficas más influyentes del período helenístico, nos ofrece una perspectiva radicalmente diferente sobre la muerte: en lugar de temerla o evitar reflexionar sobre ella, se nos invita a aceptarla como una parte natural e inevitable de la condición humana. Esta aceptación no solo nos prepara para el momento final, sino que también enriquece nuestra vida cotidiana, permitiéndonos vivir con mayor significado y propósito. El estoicismo, fundado por Zenón de Citio en el siglo III a.C., fue desarrollado posteriormente por figuras emblemáticas como Epicteto, Séneca y Marco Aurelio. Estos pensadores sostenían que el sufrimiento humano tiene su origen, en gran parte, en el apego a las cosas que están fuera de nuestro control. Entre estas cosas, la más inevitable de todas es la muerte. La premisa central del pensamiento estoico es que debemos enfocar nuestra energía exclusivamente en aquello que está bajo nuestro control: nuestras acciones, actitudes y respuestas frente a los eventos externos.

La muerte, al igual que el paso del tiempo, está fuera de nuestra voluntad, y por ello los estoicos nos exhortan a aceptarla con serenidad. Para ellos, la muerte no es un enemigo a combatir, sino un maestro que nos enseña a vivir con sabiduría y virtud. Dentro del marco estoico, la muerte no se contempla como una tragedia o un fracaso, sino como un fenómeno natural, el desenlace lógico de la vida misma. Epicteto, un esclavo que se convirtió en uno de los filósofos más influyentes de su época, enseñaba que la muerte es simplemente un retorno a la naturaleza, una liberación de aquello que ya no tiene un propósito en la existencia física. Para Epicteto, lo esencial no era evitar la muerte, sino vivir de tal manera que, cuando la muerte llegara, no tuviéramos remordimientos. Marco Aurelio, el emperador-filósofo, veía la muerte como una disolución de los elementos que componen el cuerpo y el alma, exhortando a sus contemporáneos a no temer este proceso inevitable. Según estos pensadores, vivir con un temor constante hacia la muerte nos priva de la posibilidad de vivir plenamente, de aprovechar cada momento para actuar conforme a nuestros principios y de encontrar la verdadera libertad interior. El enfoque estoico hacia la muerte tiene implicaciones profundas para nuestra vida diaria. En lugar de vivir en la negación o el temor, podemos aprender a ver la muerte como una motivación para vivir de manera más auténtica. Podemos aprender a valorar cada momento y a no dar por sentadas nuestras relaciones ni nuestras oportunidades. Al recordar que nuestra existencia es finita, nos volvemos más conscientes del valor del tiempo y de cómo lo empleamos y con quién lo compartimos. Cada día se convierte en una oportunidad para actuar con virtud, para ser la mejor versión de nosotros mismos y para dejar un legado positivo. Esta perspectiva estoica nos invita a reexaminar nuestras prioridades, a centrarnos en lo esencial y a liberarnos de las preocupaciones triviales que nos distraen de lo verdaderamente significativo. Uno de los principios fundamentales del estoicismo en relación con la muerte es la práctica del "memento mori", que significa "recuerda que morirás".

Lejos de ser un pensamiento mórbido, el "memento mori" es una herramienta poderosa que nos ayuda a vivir con urgencia y propósito. Nos recuerda que el tiempo es limitado y que cada día que vivimos es una oportunidad que no debe ser desperdiciada. Cuando somos conscientes de nuestra mortalidad, nuestras decisiones se alinean más estrechamente con nuestros valores; nos volvemos más compasivos, más amables y encontramos paz incluso en medio de las dificultades. Recordar nuestra propia muerte nos impulsa a ser valientes, a buscar la verdad y a vivir sin arrepentimientos. Este libro tiene como objetivo explorar la perspectiva estoica de la muerte y cómo podemos aplicar sus enseñanzas para enfrentar tanto nuestra propia mortalidad como la pérdida de seres queridos. A lo largo de los capítulos, examinaremos conceptos clave como la aceptación de lo inevitable, la práctica del "memento mori" y la dicotomía del control. También exploraremos cómo utilizar la filosofía estoica para encontrar paz durante el duelo y cómo la conciencia de la muerte puede convertirse en una poderosa motivación para vivir una vida significativa. No se trata de ignorar el dolor o la tristeza que acompaña a la muerte, sino de aprender a ver más allá de ellos y encontrar en la muerte un impulso para vivir con mayor autenticidad y propósito. El estoicismo nos ofrece una visión de la muerte que va más allá del simple consuelo. Nos enseña a enfrentar la realidad de nuestra finitud con dignidad y serenidad, sin caer en la desesperación. Para los estoicos, aceptar la muerte no implica resignarse pasivamente, sino utilizarla como una herramienta para dar forma a nuestras vidas. Al aceptar que todo tiene un final, encontramos el coraje para perseguir nuestras aspiraciones, amar sin reservas y actuar con integridad en cada situación. La muerte, en el estoicismo, no es el fin del significado, sino una parte esencial del mismo; es lo que confiere a la vida su urgencia y su valor intrínseco.

Uno de los aspectos más profundos del estoicismo es su énfasis en la virtud como el verdadero bien. Vivir con virtud significa actuar conforme a la razón, ser justo, valiente, moderado y sabio. En este sentido, la muerte no puede considerarse un mal, ya que no tiene el poder de impedirnos vivir virtuosamente. Por el contrario, la conciencia de la muerte nos ayuda a cultivar estas virtudes, al recordarnos que el tiempo es un recurso precioso y que cada acción cuenta. La virtud se convierte en la brújula que guía nuestras decisiones, incluso frente a la certeza de la muerte. De esta manera, el estoicismo nos ofrece no solo una filosofía para morir bien, sino, más importante aún, una filosofía para vivir bien. A lo largo de este libro, también examinaremos cómo la aceptación de la muerte puede ayudarnos a enfrentar la pérdida de aquellos a quienes amamos. El duelo es una experiencia universal, y aunque el dolor es inevitable, los estoicos nos enseñan que el sufrimiento prolongado proviene de nuestra resistencia a aceptar la realidad. Al aprender a aceptar la muerte como parte del ciclo natural de la vida, podemos encontrar consuelo en los recuerdos y en el legado que nuestros seres queridos han dejado. Podemos honrar sus vidas viviendo la nuestra de la mejor manera posible, actuando con virtud y contribuyendo al bienestar de los demás. La muerte de quienes amamos nos recuerda la fragilidad de la existencia, pero también nos invita a apreciar con mayor profundidad el tiempo que compartimos con aquellos que aún están a nuestro lado. Más que ofrecer consuelo, este libro pretende ser una guía para enfrentar la realidad más difícil de todas: la certeza de que la vida tiene un final. Sin embargo, lejos de ser una visión pesimista, el estoicismo nos ofrece una manera de contemplar la muerte sin desesperación, de abrazar la fragilidad de nuestra existencia y de encontrar fuerza y propósito en el presente. A medida que avancemos, veremos cómo la aceptación de la muerte, más que una rendición, es una puerta hacia la verdadera libertad: la libertad de vivir sin miedo, de aprovechar al máximo cada momento que se nos concede. La muerte nos libera de la ilusión de permanencia y nos impulsa a vivir con mayor consciencia, a ser más auténticos y a valorar cada experiencia como única e irrepetible.

Este viaje filosófico no solo nos permitirá reconciliarnos con la idea de la muerte, sino que también nos ayudará a vivir de una manera más auténtica, plena y en armonía con la naturaleza y con nosotros mismos. Aprenderemos que la muerte, lejos de ser un obstáculo, es una oportunidad para vivir de acuerdo con nuestros valores más profundos. Con cada capítulo, profundizaremos en las enseñanzas de los grandes maestros estoicos y aprenderemos a integrar sus valiosas lecciones en nuestra vida diaria para enfrentar lo inevitable con serenidad y sabiduría. Al aceptar la muerte, aceptamos también la vida en toda su complejidad, con sus alegrías y sus dolores, con sus momentos de luz y de sombra. Finalmente, este libro nos invita a reflexionar sobre nuestra propia mortalidad no como un evento distante, sino como una realidad inminente que da forma a nuestras elecciones diarias. La muerte es la gran niveladora, y todos, sin importar nuestra posición, riqueza o logros, enfrentaremos ese momento. Pero en lugar de vivir con temor, podemos vivir con una profunda gratitud: gratitud por cada día que se nos concede, por cada persona que entra en nuestra vida, por cada oportunidad de actuar con bondad y de marcar una diferencia. Este es el legado del estoicismo: enseñarnos a enfrentar la muerte con dignidad y a vivir cada día con la certeza de que, al final, lo que realmente importa no es cuánto tiempo vivimos, sino cómo elegimos vivir ese tiempo. A lo largo de los siguientes capítulos, exploraremos cómo el reconocimiento de nuestra mortalidad puede convertirse en una fuente inagotable de motivación para vivir de una manera más plena. Reflexionaremos sobre cómo podemos cultivar la serenidad, la fortaleza y la gratitud ante la inevitabilidad de la muerte. Y, sobre todo, aprenderemos que la verdadera libertad no se encuentra en evitar la muerte, sino en vivir sin temor a ella, en abrazar cada momento con la convicción de que, al final, todo tiene su propósito y su lugar en el gran orden del universo. La muerte, en lugar de ser una amenaza, se convierte así en un recordatorio constante de que la vida es un regalo precioso que debemos aprovechar al máximo, viviendo con propósito, integridad y amor.

CAPÍTULO I: LA PERCEPCIÓN ESTOICA DE LA MUERTE

Enfrentar la muerte constituye una de las pruebas más fundamentales y difíciles para el ser humano, pero la filosofía estoica nos enseña que percibir la muerte como un fenómeno natural puede transformar nuestra relación con ella. Para los estoicos, la muerte no es un evento extraordinario, sino un proceso inevitable e intrínseco a la existencia humana. Entender este hecho no solo nos ayuda a despojarnos del miedo, sino que también le otorga un sentido más profundo a cada momento que vivimos. La muerte es, al fin y al cabo, una constante que confiere valor al tiempo y a nuestras acciones. La certeza de la muerte es lo que nos impulsa a vivir con propósito y a buscar significado en cada aspecto de nuestra existencia.

La muerte como parte natural de la vida

Los filósofos estoicos, desde Zenón de Citio hasta Marco Aurelio, abordaron la muerte con una visión sorprendentemente clara y serena. Marco Aurelio, uno de los más célebres representantes del estoicismo, afirmaba que la muerte es simplemente un retorno a la naturaleza, un proceso de disolución del cuerpo en los elementos que lo componen. Esta perspectiva invita a despojarse de la idea de la muerte como un enemigo y a comenzar a percibirla como una consecuencia inevitable que, paradójicamente, nos da el valor necesario para vivir mejor. Para Marco Aurelio, la muerte no era un final aterrador, sino una transformación necesaria, similar al ciclo en el que una hoja cae del árbol para nutrir el suelo y permitir el crecimiento de nueva vida.

Al contemplar la muerte como parte de un proceso más amplio, de una conexión inquebrantable con la naturaleza que trasciende nuestra existencia individual, la muerte deja de ser un evento final, transformándose en una transición esencial para la continuidad de la vida. La cosmovisión estoica nos exhorta a no temer la disolución del ser, sino a entender que cada uno de nosotros es parte de un ciclo cósmico de renovación constante. Este enfoque lleva implícita la liberación de un temor constante que nos atenaza. En lugar de ver la muerte como una tragedia inevitable, podemos percibirla como un hecho que nos iguala a todos, independientemente de nuestra condición social o nuestras circunstancias. La muerte se convierte así en un gran nivelador que nos recuerda la fugacidad de la vida y nos permite vivir con mayor empatía hacia los demás y una apreciación más profunda de nuestra existencia limitada.

Vivir sin temor a la muerte: ejemplos cotidianos

Para llevar estas ideas a un terreno más práctico, imaginemos a una persona enfrentando la muerte de un ser querido o lidiando con el temor a su propia muerte. Los estoicos nos ofrecen una serie de ejercicios mentales diseñados para prepararnos emocionalmente ante tales situaciones. Uno de los más conocidos es la "premeditatio malorum" o premeditación de los males. Este ejercicio consiste en visualizar, de manera serena y deliberada, escenarios difíciles que podrían ocurrir. Aunque a primera vista este ejercicio pueda parecer sombrío, su finalidad es ayudarnos a aceptar la posibilidad de la muerte y evitar que el miedo nos paralice.

Por ejemplo, pensar en la posibilidad de perder un empleo o padecer una enfermedad no tiene como objetivo atraer estos eventos, sino prepararnos mental y emocionalmente para que, en caso de que sucedan, no nos resulten devastadores. Al aplicar este concepto a la muerte, imaginar la pérdida de un ser querido o la propia muerte nos permite tener conversaciones significativas, valorar más a quienes nos rodean y vivir con menor temor y mayor propósito. Esta práctica nos otorga la claridad necesaria para tomar decisiones que realmente importan, centradas en el amor, la compasión y la conexión con los demás.

Otro ejercicio fundamental en la práctica estoica es el "memento mori", que literalmente significa "recuerda que morirás". Mantener presente la certeza de la muerte no es un acto mórbido, sino una manera de valorar cada instante de nuestra vida. Al recordar que nuestro tiempo es finito, nos vemos obligados a reflexionar sobre cómo empleamos ese tiempo: con quién lo compartimos, en qué actividades invertimos nuestra energía, y qué cosas nos aportan verdadero significado. Este enfoque nos permite trascender lo superficial y concentrarnos en aquello que realmente enriquece nuestra vida.

La importancia de aceptar lo inevitable

Aceptar lo inevitable implica liberarnos del sufrimiento que nace de la resistencia. Cuando aceptamos que la muerte es una parte inherente de la vida, comenzamos a vivir con una mayor sensación de libertad. Los estoicos insisten en la importancia de no preocuparnos por aquello que no podemos controlar.

La muerte es el ejemplo más claro de esta enseñanza: no podemos evitarla ni retrasarla más allá de lo que la naturaleza ha dispuesto. Preocuparnos por ella solo añade un sufrimiento innecesario a nuestras vidas. En la práctica cotidiana, esto puede traducirse en dejar de obsesionarnos con cuestiones sobre las que tenemos poco o ningún control, como nuestra salud o la de nuestros seres queridos. En lugar de vivir en constante preocupación, los estoicos nos exhortan a cultivar hábitos saludables sin caer en la obsesión, entendiendo que el final llegará inevitablemente.

Esta aceptación nos permite vivir de manera más plena, concentrándonos en lo que realmente tiene valor: el presente, nuestras relaciones y nuestras acciones. Significa apreciar los pequeños momentos de la vida, como una conversación con un amigo, un paseo al aire libre o una cena familiar, sin el miedo constante de lo que pueda suceder mañana. Otro aspecto importante de aceptar lo inevitable es aprender a despedirse. Los estoicos comprendían la importancia de estar preparados para decir adiós, tanto a las personas que amamos como a nuestras propias aspiraciones y deseos. Al aceptar que todo lo que poseemos es temporal, podemos despedirnos con serenidad cuando llegue el momento. Esto no significa que el dolor no exista, sino que no se prolongue en forma de sufrimiento perpetuo. Vivir cada momento plenamente nos permite llegar al final con la tranquilidad de haber vivido bien, sin remordimientos y con gratitud por lo que tuvimos.

Historias reales de aceptación

Consideremos a Epicteto, quien nació esclavo y se convirtió en uno de los filósofos más respetados de la antigüedad. Epicteto enseñaba que no deberíamos gastar nuestra energía temiendo lo inevitable. Nos decía que aprender a aceptar la muerte y la pérdida como realidades fuera de nuestro control puede liberarnos de un sufrimiento adicional.

Por ejemplo, cuando una persona pierde su empleo o sufre una pérdida significativa, la filosofía estoica nos invita a comprender que ciertos eventos están más allá de nuestro control, y que en esa comprensión reside la posibilidad de hallar paz, incluso en medio del dolor. Otro ejemplo es el del emperador Marco Aurelio, quien durante su vida enfrentó numerosas pérdidas personales, incluidas las muertes de varios de sus hijos.

En sus "Meditaciones", Marco Aurelio reflexionaba sobre la transitoriedad de la vida y cómo cada una de estas pérdidas, aunque dolorosa, formaba parte del orden natural. A través de estas reflexiones, Marco Aurelio no solo buscaba consuelo, sino también una comprensión más profunda de la existencia y la inevitabilidad de la muerte. Para él, aceptar la muerte de sus hijos era también una forma de honrar sus vidas, recordando que el tiempo compartido siempre es limitado y que la gratitud por esos momentos debe prevalecer sobre el sufrimiento por la ausencia.

Epicteto también mencionaba a otros filósofos y figuras admirables que enfrentaron la muerte con calma y dignidad. Uno de los ejemplos más emblemáticos es Sócrates, quien, condenado a muerte, mostró una serenidad impresionante en sus últimos momentos. Sócrates sostenía que la muerte no era algo que debía temerse, sino una parte inevitable del ciclo de la vida. Su aceptación y valentía se erigen como recordatorios poderosos de cómo la filosofía puede ayudarnos a enfrentar nuestros miedos más profundos.

La naturaleza cíclica de la vida

Los estoicos también nos recuerdan que la muerte es un ciclo natural que todos compartimos. Al igual que las estaciones cambian o el sol se oculta al final del día, la muerte forma parte de un orden universal.

Para entender esta idea, podemos pensar en la muerte como un cambio de estación en nuestra propia vida. ¿Nos resistiríamos al invierno o a la noche, sabiendo que son una parte necesaria del ciclo de la naturaleza? De la misma forma, aceptar la muerte nos brinda la oportunidad de vivir cada día con gratitud y dar lo mejor de nosotros mismos, sin temores que nos impidan disfrutar plenamente del presente.

La analogía con las estaciones del año es particularmente poderosa. Cada estación tiene un propósito: el invierno es un momento de descanso y reflexión, la primavera simboliza el crecimiento, el verano representa el disfrute y el otoño, la cosecha. Del mismo modo, nuestras vidas también pasan por ciclos, y la muerte no es más que el cierre de un ciclo que permite el comienzo de otro. Al vernos como parte de este ciclo natural, dejamos de percibir la muerte como una tragedia y comenzamos a verla como una transición que nos conecta con algo más grande que nosotros mismos.

Esta visión cíclica también nos permite reflexionar sobre nuestras propias contribuciones a la vida. Todo lo que hacemos tiene un impacto que perdura más allá de nuestra existencia. Así como la hoja que cae al suelo nutre el crecimiento de nuevas plantas, nuestras acciones, nuestras enseñanzas y nuestras relaciones continúan influyendo en el mundo después de nuestra muerte. Aceptar la naturaleza cíclica de la vida nos lleva a enfocar nuestras acciones en dejar un legado positivo, sabiendo que lo que hacemos hoy trasciende nuestra existencia individual.

Prácticas cotidianas para aceptar la muerte

- **Reflexionar diariamente**: Dedicar unos minutos al día a reflexionar sobre la muerte y su inevitabilidad puede ayudarnos a despojarnos del miedo irracional que la rodea. Una práctica efectiva es escribir sobre lo que tememos en relación con la muerte y luego examinar cuántas de esas preocupaciones están realmente bajo nuestro control. Este ejercicio nos permite reconocer que muchas de nuestras ansiedades son infundadas y que, al aceptar la muerte, también aprendemos a vivir mejor. Reflexionar sobre la muerte nos ayuda a comprender la importancia de cada momento y encontrar paz en la aceptación.

- **Enfrentar nuestros miedos**: Imaginemos el peor escenario posible, como la pérdida de un ser querido. Aunque esta visualización pueda parecer incómoda, su propósito es prepararnos mentalmente para aceptar las eventualidades de la vida. No se trata de ser insensibles, sino de aprender a valorar más a nuestros seres queridos en cada momento que compartimos con ellos. Ser conscientes de la fragilidad de la vida nos hace ser más amables, más rápidos en perdonar y más propensos a disfrutar cada instante con intensidad. Al enfrentarnos a nuestros miedos de manera directa, encontramos el coraje necesario para vivir sin el peso constante de la ansiedad.

- **Meditación sobre la muerte**: Otra práctica poderosa es la meditación sobre la muerte. En lugar de evitar pensar en ella, los estoicos nos invitan a confrontarla de frente. Sentarse en silencio, cerrar los ojos y reflexionar sobre la impermanencia de la vida puede ser un ejercicio liberador. Este tipo de meditación nos ayuda a desprendernos del apego excesivo a lo material y a lo temporal, recordándonos que lo único verdaderamente valioso es cómo vivimos y cómo tratamos a los demás. Meditar sobre la muerte nos brinda claridad para diferenciar lo esencial de lo trivial y nos inspira a actuar con integridad y compasión.

- **Apreciar la transitoriedad**: Aceptar que nuestra vida es finita nos invita a valorar más cada experiencia y a cada persona que conocemos. Este enfoque nos motiva a vivir con plenitud, a no dar por sentada ninguna relación y a actuar siempre con amabilidad y propósito. En nuestras relaciones personales, saber que el tiempo es limitado puede inspirarnos a expresar nuestro amor y aprecio con mayor frecuencia, a resolver conflictos rápidamente y a no guardar rencor. La conciencia de la transitoriedad nos impulsa a vivir de manera consciente, disfrutando de cada pequeño momento sin distracciones innecesarias.

- **Vivir con propósito**: Reconocer que la muerte es inevitable también nos alienta a vivir con propósito. Esto implica tener claro qué queremos lograr y cuál es nuestro papel en el mundo. La certeza de que nuestro tiempo es limitado nos motiva a no postergar nuestras aspiraciones y a vivir alineados con nuestros valores más profundos. Cada día es una oportunidad para hacer algo significativo, contribuir al bienestar de los demás y crecer como personas. Vivir con propósito implica también tomar decisiones difíciles, actuar con valentía y vivir de acuerdo con nuestras convicciones, sabiendo que cada acción tiene un peso y una consecuencia.

Enfrentar la pérdida de otros

Una de las mayores pruebas que enfrentamos en la vida es la pérdida de seres queridos. Los estoicos no nos piden que seamos insensibles o que no experimentemos dolor; el duelo es una parte natural del proceso de perder a alguien. Sin embargo, nos enseñan a no dejarnos consumir por ese dolor. Epicteto nos recuerda que la tristeza es natural, pero el sufrimiento prolongado surge de nuestras expectativas no realistas y de nuestro apego a lo que no podemos controlar. Un enfoque estoico para enfrentar la pérdida es recordar que cada persona que amamos es prestada, que no nos pertenece. El tiempo que compartimos con ellos es un regalo, y no tenemos control sobre cuándo terminará.

Al aceptar esto, podemos sentirnos agradecidos por los momentos vividos en lugar de amargarnos por la ausencia. Además, al reflexionar sobre la muerte de nuestros seres queridos, encontramos inspiración para vivir de una manera que honre su memoria, llevando adelante sus enseñanzas y el amor que compartimos. Aceptar la muerte de los demás también nos enseña a valorar más nuestras relaciones mientras las tenemos. Nos inspira a resolver conflictos, ser más pacientes y expresar nuestro amor sin reservas. Al aceptar la impermanencia de nuestras relaciones, nos liberamos de la necesidad de controlarlas y podemos disfrutar más plenamente del tiempo que tenemos juntos. En lugar de enfocarnos en lo que no tenemos o lo que podríamos perder, nos centramos en lo que podemos dar y en cómo ser una influencia positiva en la vida de los demás.

La muerte como motivación para vivir plenamente

Aceptar la muerte como una parte natural de la vida también puede motivarnos a vivir más plenamente. La conciencia de nuestra mortalidad nos recuerda que el tiempo es limitado, lo cual puede inspirarnos a no postergar lo importante. Nos motiva a decir "te quiero" hoy, a buscar reconciliación ahora, y a perseguir nuestros sueños sin demora. La muerte, lejos de ser una sombra oscura, puede ser un recordatorio luminoso de que la vida está sucediendo ahora, y que cada día es valioso precisamente porque no es infinito. Vivir plenamente implica ser conscientes de nuestras elecciones y estar presentes en cada momento. Cuando sabemos que nuestra existencia es finita, cada decisión adquiere un peso significativo. Decidimos cómo queremos emplear nuestro tiempo, con quién deseamos estar y qué aspiramos a lograr. La muerte nos desafía a ser honestos con nosotros mismos respecto a lo que realmente importa y nos impulsa a eliminar distracciones innecesarias y compromisos vacíos. Aceptar la muerte también nos permite liberarnos de muchos de los miedos que nos impiden vivir plenamente. Cuando ya no tememos al final, podemos tomar riesgos que de otro modo evitaríamos. Podemos ser valientes en la búsqueda de nuestros sueños, ser honestos en nuestras relaciones y vivir de una manera que realmente refleje quiénes somos.

La muerte se convierte, entonces, en una motivación constante para ser auténticos y no desperdiciar el tiempo que se nos ha otorgado. En este capítulo, hemos explorado cómo los estoicos concebían la muerte como un proceso natural e inevitable. La idea central es que, al aceptar la muerte como parte ineludible de la existencia, podemos vivir con mayor libertad y con menos temor. Cada día se convierte en una oportunidad para ser mejores y para disfrutar la vida con una serenidad profunda.

A través de la reflexión, la aceptación y la gratitud, podemos transformar nuestro miedo a la muerte en una fuerza que impulse nuestra vida hacia un propósito más significativo y lleno de paz. Aceptar la muerte no implica resignación, sino vivir con intención y presencia. Al entender que la muerte es parte de la vida, podemos enfocarnos en lo que realmente importa y dejar de lado el miedo constante que nos impide vivir plenamente. En esta aceptación encontramos la verdadera libertad: la libertad de ser quienes somos, de amar sin reservas y de vivir cada momento como si fuera el último, porque al final, todos los momentos lo son.

CAPÍTULO 2: ACEPTANDO NUESTRA PROPIA MORTALIDAD

Aceptar nuestra propia mortalidad constituye una de las tareas más complejas que enfrentamos como seres humanos. Vivimos en una sociedad que continuamente intenta evitar o negar la realidad de la muerte, proporcionando distracciones y comodidades que nos permiten mantenernos alejados de esta verdad ineludible. Sin embargo, el enfoque estoico hacia la mortalidad nos invita a enfrentarnos a ella directamente, mirándola sin miedo y encontrando en su aceptación una fuente de libertad y serenidad. Este capítulo examina cómo, desde una perspectiva estoica, podemos aceptar nuestra propia muerte y, al hacerlo, vivir una vida más plena y significativa. Los estoicos enseñan que aceptar nuestra mortalidad no implica desesperación o resignación, sino que es un paso fundamental hacia la libertad auténtica. Para ellos, la muerte no es un enemigo, sino una compañera constante que nos recuerda la fragilidad y el valor de cada momento. Marco Aurelio, el emperador-filósofo, reflexionaba sobre la muerte como un proceso natural, afirmando que "no es más que un proceso de la naturaleza, algo que todos debemos atravesar".

Esta visión tiene profundas implicaciones sobre cómo enfrentamos nuestra propia existencia. Al aceptar la muerte como algo inevitable, podemos liberarnos del miedo que la rodea y centrarnos en lo verdaderamente importante: vivir con virtud. Al aceptar nuestra mortalidad, nos enfrentamos a la realidad de nuestra finitud, y esta aceptación se convierte en una de las herramientas más poderosas para vivir auténticamente. No se trata simplemente de una actitud pasiva frente al fin de nuestra existencia, sino de un cambio profundo en nuestra perspectiva, que transforma la forma en que nos relacionamos con el tiempo, los deseos y los miedos. Cuando aceptamos la muerte, nos liberamos del peso de la incertidumbre que muchas veces nos paraliza, permitiendo que nuestras acciones emerjan desde un lugar de serenidad y claridad. Así, la aceptación de nuestra mortalidad nos dota de una libertad radical que nos ayuda a focalizar nuestras energías hacia aquello que es realmente valioso.

Rompiendo el Tabú de la Muerte

Uno de los principales obstáculos para aceptar nuestra mortalidad es el tabú que rodea el tema de la muerte. Muchas culturas contemporáneas evitan abordar la muerte, relegándola a los márgenes de la conciencia colectiva. Esto crea un ambiente de negación que dificulta la comprensión y la aceptación de nuestra finitud. Los estoicos, por el contrario, instaban a reflexionar sobre la muerte de manera regular como un ejercicio esencial para vivir bien. Para ellos, el concepto de "memento mori" no era simplemente una frase, sino una práctica profunda de meditación que nos ayuda a reconocer la naturaleza transitoria de todas las cosas. Romper este tabú implica enfrentar el hecho de que la muerte está presente en cada momento de nuestras vidas, ya sea de manera sutil o explícita. En lugar de temer estas reflexiones, los estoicos nos animan a verlas como una fuente de claridad y propósito. Pensar en la muerte nos permite entender mejor nuestras prioridades, valorar nuestras relaciones y desprendernos de preocupaciones triviales que, en última instancia, carecen de valor real. Enfrentar la muerte significa enfrentar nuestra vulnerabilidad y, paradójicamente, encontrar en ella una fuente de fuerza interior que nos permite vivir con mayor profundidad y conexión.

La resistencia a hablar sobre la muerte a menudo nos priva de la oportunidad de reconciliarnos con nuestra propia finitud. Para los estoicos, reconocer la inevitabilidad de la muerte es fundamental para vivir una vida plena. Ellos nos exhortan a reflexionar sobre nuestra mortalidad, no para fomentar la desesperación, sino para vivir con propósito. Al normalizar la conversación sobre la muerte, despojamos al concepto de su misterio aterrador y lo convertimos en un recordatorio de la urgencia de vivir bien. Cuando rompemos el tabú de la muerte, abrimos la puerta a un tipo de reflexión profunda que puede cambiar nuestra perspectiva sobre la vida. Reconocer la inevitabilidad de la muerte nos permite valorar las relaciones humanas con una nueva apreciación, ver cada interacción como una oportunidad única para expresar amor, gratitud y comprensión. De igual manera, al despojar a la muerte de su halo de misterio y terror, la convertimos en una fuerza motivadora para vivir más conscientemente. En lugar de ignorar lo inevitable, los estoicos nos enseñan a enfrentarlo con honestidad y valentía, encontrando en ello una fuente inagotable de sentido y propósito.

El Valor de la Contemplación Estoica

Los estoicos practicaban la contemplación de la muerte como un medio para cultivar una vida equilibrada. En la filosofía de Epicteto, la muerte no debía causar sufrimiento, sino actuar como un recordatorio de la fugacidad de nuestra existencia, y de la necesidad de aprovechar cada oportunidad para actuar con virtud. La contemplación de la muerte, lejos de ser un ejercicio depresivo, nos ayuda a liberarnos de las preocupaciones innecesarias y de los deseos superfluos que nos distraen de lo esencial. Al recordar que nuestro tiempo es limitado, podemos tomar decisiones más sabias y enfocarnos en lo que verdaderamente importa. La práctica de la contemplación también tiene el potencial de redefinir nuestra relación con el miedo.

El miedo a la muerte es uno de los impulsos más poderosos del ser humano, y a menudo nos lleva a tomar decisiones que limitan nuestra libertad. Al enfrentarnos a este miedo y contemplar la realidad de nuestra mortalidad, podemos desactivarlo. Séneca, otro gran pensador estoico, escribió extensamente sobre cómo la meditación sobre la muerte nos prepara para cualquier adversidad. Al aceptar que la muerte es simplemente parte del ciclo de la vida, eliminamos su poder sobre nosotros y nos liberamos de las cadenas del temor. Contemplar la muerte no solo nos permite liberarnos del miedo, sino también apreciar la belleza de lo efímero. Cada momento de la vida se vuelve significativo cuando reconocemos que nada es permanente. Al igual que las estaciones cambian, nuestras vidas también tienen un ciclo. Comprender esta verdad nos ayuda a experimentar una gratitud más profunda por cada instante, incluso por aquellos que pueden parecer triviales. La práctica de la contemplación nos enseña que la verdadera sabiduría no reside en evitar lo inevitable, sino en aceptarlo con calma y claridad. La contemplación de la muerte tiene un propósito trascendental: nos permite redefinir nuestras prioridades y fortalecer nuestro carácter. Al meditar sobre la fugacidad de la vida, aprendemos a valorar lo que es esencial y a desprendernos de lo superfluo. La muerte se convierte, entonces, en una guía que nos recuerda que el tiempo es un recurso limitado y precioso. Nos invita a actuar con integridad, a cultivar la virtud y a establecer conexiones significativas con quienes nos rodean. Epicteto y Séneca coincidían en que el coraje frente a la muerte nos libera de las limitaciones autoimpuestas por el miedo, permitiéndonos ser verdaderamente libres y conscientes de nuestras decisiones.

La Dicotomía del Control

Uno de los conceptos centrales del estoicismo es la dicotomía del control: la idea de que existen cosas que podemos controlar y cosas que no. La muerte, sin duda, pertenece al ámbito de lo que no podemos controlar. Podemos cuidarnos, mantenernos saludables y evitar riesgos innecesarios, pero al final, la muerte llegará cuando deba llegar. Reconocer este hecho nos permite abandonar la lucha inútil contra lo inevitable y, en su lugar, enfocar nuestra energía en lo que sí podemos controlar: nuestras acciones, nuestras decisiones y la forma en que elegimos vivir cada día. La aceptación de la muerte también nos invita a reflexionar sobre la importancia de nuestras acciones cotidianas. Si sabemos que la muerte es inevitable y que no tenemos control sobre cuándo ocurrirá, cada momento adquiere un nuevo significado. La dicotomía del control nos ofrece una brújula para navegar en la vida con integridad y propósito, asegurándonos de que nuestras acciones reflejen nuestros valores más profundos. En lugar de preocuparnos por cuánto tiempo viviremos, podemos ocuparnos de cómo vivimos y de la calidad de nuestras relaciones y decisiones. En este sentido, la muerte se convierte en una maestra que nos ayuda a discernir entre lo importante y lo trivial. Cuando comprendemos que nuestra existencia es limitada, dejamos de lado las preocupaciones que no aportan verdadero valor y nos centramos en aquello que realmente enriquece nuestras vidas. Esta visión nos permite desarrollar una actitud de gratitud y un enfoque más consciente de nuestras elecciones, promoviendo una vida guiada por la virtud y el propósito en lugar de por el miedo y la incertidumbre. La dicotomía del control nos permite, además, aceptar con serenidad aquellas circunstancias que escapan a nuestra influencia directa. Saber que la muerte está fuera de nuestro control nos enseña a soltar aquello que no podemos cambiar y a enfocarnos en el cultivo de nuestras virtudes, en la calidad de nuestras acciones y en nuestra disposición frente a los desafíos de la vida. La sabiduría estoica radica en entender que la paz se encuentra no en cambiar el curso de los eventos naturales, sino en cambiar nuestra actitud hacia ellos. Este enfoque nos libera del peso de lo inevitable y nos impulsa a vivir con mayor autenticidad y determinación.

Viviendo con Urgencia y Propósito

Aceptar nuestra mortalidad también significa aprender a vivir con urgencia. Esta urgencia no implica apresurarse o vivir con ansiedad, sino reconocer el valor de cada momento. Marco Aurelio, en sus "Meditaciones", reflexionaba frecuentemente sobre la naturaleza efímera de la vida humana y la importancia de vivir con propósito. Para los estoicos, vivir con urgencia significa vivir conscientemente, entendiendo que el tiempo es el recurso más valioso que tenemos y que no debe desperdiciarse en preocupaciones vanas o resentimientos inútiles. La urgencia de vivir se manifiesta en nuestras decisiones cotidianas: cómo tratamos a quienes nos rodean, cómo enfrentamos los desafíos y cómo elegimos emplear nuestro tiempo. Al aceptar que cada día podría ser el último, desarrollamos una apreciación más profunda por la belleza de las cosas simples y un compromiso más firme con nuestros valores. Esta actitud estoica nos permite vivir con menos arrepentimientos y con una mayor sensación de plenitud, ya que sabemos que hemos hecho todo lo posible para vivir bien. Esta urgencia también nos impulsa a actuar con valentía. La conciencia de nuestra propia mortalidad nos desafía a no posponer las acciones que sabemos que son importantes. Nos insta a expresar amor, a perseguir nuestras metas y a vivir con autenticidad, sin miedo a lo que pueda suceder mañana. Vivir con urgencia no significa vivir de manera imprudente, sino vivir con la certeza de que cada momento tiene un valor incalculable y que debemos aprovecharlo al máximo para crecer, aprender y contribuir al bienestar de los demás. Vivir con urgencia nos invita también a ser plenamente conscientes de nuestras acciones y decisiones. Cuando entendemos que nuestro tiempo es limitado, comenzamos a valorar más nuestras experiencias y a aprovechar cada oportunidad para aprender, amar y crecer. La urgencia de vivir nos impulsa a dejar un legado, a actuar con integridad y a buscar el significado en nuestras acciones. Esta mentalidad estoica nos lleva a preguntarnos constantemente si estamos viviendo de acuerdo con nuestros valores, si estamos haciendo lo necesario para cultivar la virtud y si estamos dejando una huella positiva en el mundo. Vivir con urgencia significa, en última instancia, vivir con propósito, sin dejar nada importante sin hacer o decir.

La Paz que Trae la Aceptación

Finalmente, la aceptación de nuestra propia mortalidad nos permite alcanzar una paz profunda. El miedo a la muerte a menudo nos mantiene atrapados en patrones de ansiedad y evasión. Los estoicos entendían que la verdadera paz proviene de la aceptación de la naturaleza y de sus ciclos, incluida la muerte. Esta paz no es una indiferencia insensible, sino una profunda comprensión de que todo tiene un final y que ese final forma parte del orden natural del universo. Al aceptar la muerte, podemos liberarnos de los miedos que nos impiden vivir plenamente y encontrar una serenidad genuina que nos acompaña incluso en los momentos más difíciles. La paz que trae la aceptación de la mortalidad también se manifiesta en nuestra capacidad para enfrentar el cambio. La vida está en constante movimiento, y la muerte es solo una de las muchas transiciones que experimentamos. Al aceptar la muerte, aceptamos también el flujo continuo de la existencia, con sus altibajos, sus comienzos y finales. Esta actitud nos permite vivir sin aferrarnos al pasado ni temer al futuro, sino apreciando el presente con una mente y un corazón tranquilos. La aceptación de la mortalidad es, en última instancia, una aceptación de la vida misma en toda su complejidad y fragilidad. Nos recuerda que cada día es un regalo y que la mejor manera de honrar ese regalo es vivir con virtud, propósito y amor. Al integrar esta comprensión en nuestras vidas, podemos enfrentar la muerte no con desesperación, sino con gratitud, sabiendo que hemos vivido de acuerdo con nuestros principios y que hemos dejado una huella positiva en el mundo, por pequeña que sea. La serenidad que obtenemos al aceptar nuestra mortalidad no solo nos ayuda a vivir mejor, sino que también nos prepara para enfrentar el final con dignidad y paz. La paz que surge de aceptar nuestra mortalidad también nos da el coraje para vivir sin temor a lo desconocido. La muerte, al ser parte inevitable de la experiencia humana, nos enseña a valorar cada respiro, a ser resilientes ante las adversidades y a ver cada día como una oportunidad para crecer. Esta actitud de aceptación nos permite enfrentar el futuro con confianza, sin la carga de los miedos que tantas veces nos limitan. La filosofía estoica nos muestra que la verdadera libertad y paz surgen cuando dejamos de luchar contra lo inevitable y empezamos a fluir con la naturaleza de la existencia, abrazando cada momento con toda su imperfección y belleza.

CAPÍTULO 3: AFRONTANDO LA PÉRDIDA DE SERES QUERIDOS

Afrontar la pérdida de seres queridos constituye una de las experiencias más dolorosas que podemos experimentar como seres humanos. La muerte de alguien cercano deja un vacío profundo, un eco persistente de tristeza y, a menudo, una sensación de desconcierto y vulnerabilidad. El duelo es un proceso intrincado y doloroso que nos confronta con nuestra propia fragilidad y la inevitabilidad de la muerte. Sin embargo, el estoicismo nos proporciona herramientas poderosas para abordar este sufrimiento y encontrar un sentido de paz y aceptación en medio del dolor. En este capítulo, exploraremos cómo los principios estoicos pueden ayudarnos a enfrentar la pérdida de aquellos a quienes amamos, enseñándonos a aceptar la naturaleza de la vida y la muerte, y a encontrar consuelo en el recuerdo de quienes ya no están.

El Dolor como Parte del Ciclo Natural

Para los estoicos, la muerte y el dolor son partes inevitables de la existencia humana, no anomalías a evitar. Epicteto nos recuerda que "no controlamos lo que nos sucede, solo cómo respondemos a ello". Esta premisa resulta crucial para comprender el enfoque estoico del duelo. La muerte es un evento natural y, aunque es dolorosa, es parte del orden universal. El estoicismo nos enseña a aceptar que nuestros seres queridos, al igual que nosotros, son mortales y que su partida forma parte del ciclo de la existencia. Aceptar esta realidad no implica minimizar el dolor de la pérdida, sino integrarlo como una experiencia esencial de la vida. Los estoicos sostienen que el dolor es inevitable, pero el sufrimiento es opcional.

Aunque no podemos evitar sentir dolor cuando perdemos a alguien que amamos, sí podemos elegir nuestra respuesta ante ese dolor. Podemos resistirnos y aferrarnos a lo que ya no está, prolongando nuestro sufrimiento, o podemos aceptar la pérdida como parte del curso natural de la vida y encontrar una manera de seguir adelante con serenidad y gratitud. Aceptar el dolor como parte del ciclo natural nos invita a reflexionar sobre la fragilidad inherente a la existencia humana. La muerte no es una anomalía, sino un componente integral de la experiencia de la vida. Los estoicos nos recuerdan que vivir plenamente implica reconocer y aceptar nuestra finitud, y esto incluye aceptar que la muerte de nuestros seres queridos es parte del viaje compartido. No podemos escapar al dolor, pero sí podemos encontrar consuelo en la comprensión de que todos formamos parte de un ciclo natural mayor que nosotros mismos. Este entendimiento nos ayuda a contextualizar el dolor, ofreciéndonos una perspectiva más amplia sobre nuestra existencia y el significado de la vida.

La Dicotomía del Control en el Duelo

La dicotomía del control, uno de los principios fundamentales del estoicismo, resulta especialmente útil cuando enfrentamos la pérdida de seres queridos. Este principio nos recuerda que existen cosas que podemos controlar y otras que no. La muerte de aquellos que amamos está claramente fuera de nuestro control; no podemos evitar que ocurra, ni determinar cuándo o cómo sucederá. Sin embargo, sí podemos controlar nuestra respuesta ante esa pérdida. Al enfocarnos en lo que está bajo nuestro control, podemos encontrar una manera más saludable de afrontar el duelo.

Podemos decidir honrar la memoria de quienes se han ido, recordar los momentos compartidos y vivir de una manera que refleje los valores y enseñanzas que nos dejaron. En lugar de aferrarnos a la desesperación por lo que ya no podemos cambiar, los estoicos nos animan a enfocar nuestra energía en aquello que puede contribuir al bienestar y la paz, tanto para nosotros como para los demás. Esta actitud nos permite transformar el dolor en un motor de crecimiento y de fortalecimiento de nuestras virtudes.

La dicotomía del control también nos enseña la importancia de aceptar nuestra vulnerabilidad y de reconocer nuestras emociones sin dejarnos dominar por ellas. Podemos sentir tristeza y añoranza sin perder de vista la posibilidad de continuar con nuestra vida y encontrar nuevas formas de significado. La capacidad de distinguir entre lo que podemos y no podemos controlar nos proporciona una base de estabilidad, incluso en medio del caos emocional que implica la pérdida de un ser querido. En lugar de luchar contra la inevitabilidad de la muerte, aceptamos nuestra impotencia frente a ella, y esto, paradójicamente, nos fortalece, pues nos permite enfocar nuestras acciones hacia lo que realmente importa y hacia lo que podemos cambiar.

El Valor del Amor Desinteresado

Para los estoicos, el amor verdadero es desinteresado y se basa en la aceptación de la naturaleza efímera de todas las cosas. Al amar a alguien, aceptamos, consciente o inconscientemente, que esa persona no estará con nosotros para siempre. Marco Aurelio aconsejaba en sus "Meditaciones" que deberíamos ver a nuestros seres queridos como compañeros de viaje, que eventualmente tendrán que desembarcar antes o después que nosotros. Esta metáfora nos recuerda la importancia de valorar el tiempo compartido sin aferrarnos a la idea de que nuestras relaciones deben ser eternas.

El amor desinteresado implica aceptar la pérdida sin resentimiento. No se trata de evitar el dolor, sino de reconocer que el amor auténtico no se mide por la permanencia física, sino por la profundidad de la conexión y el impacto que deja. Cuando amamos desinteresadamente, somos capaces de valorar los momentos compartidos sin sentirnos devastados por su final. Esta actitud estoica nos ayuda a mantener el equilibrio emocional y a honrar la memoria de nuestros seres queridos de una manera positiva y constructiva.

El amor desinteresado también nos enseña a soltar con gratitud en lugar de aferrarnos con desesperación. Amar a alguien significa aceptar que su presencia en nuestra vida es un regalo temporal. Cada momento compartido es valioso precisamente porque es finito. Al reconocer la naturaleza transitoria de nuestras relaciones, podemos aprender a amar sin expectativas egoístas, sin la necesidad de poseer o controlar. Esta perspectiva nos ayuda a aceptar la pérdida con una actitud de gratitud, apreciando lo que fue sin quedarnos atrapados en el resentimiento por lo que ya no es. Así, el amor desinteresado se convierte en una fuente de paz, incluso en medio del duelo.

Transformando el Dolor en Gratitud

El dolor de la pérdida puede ser abrumador, pero el estoicismo nos invita a transformar ese dolor en gratitud. En lugar de centrarnos en la ausencia de la persona que hemos perdido, podemos enfocarnos en la fortuna de haber tenido la oportunidad de compartir nuestra vida con ella. Cada relación, cada momento compartido, es un regalo que debe ser atesorado.

La muerte no borra el impacto que nuestros seres queridos han tenido en nuestras vidas, y el recuerdo de sus enseñanzas, su amor y su presencia puede ser una fuente constante de consuelo y fortaleza. Séneca, en sus cartas, hablaba sobre la importancia de estar agradecidos por el tiempo que hemos tenido con aquellos que amamos, en lugar de lamentar el tiempo que no tendremos. Esta perspectiva nos ayuda a cambiar nuestro enfoque del duelo, pasando de una actitud de pérdida y carencia a una de gratitud y aprecio. Al adoptar esta actitud, el dolor se convierte en un recordatorio de lo valiosa que fue la relación, y en un incentivo para vivir de una manera que honre la memoria de quien se ha ido. Transformar el dolor en gratitud implica un cambio profundo en nuestra percepción de la pérdida. Cada recuerdo se convierte en un tesoro que llevamos con nosotros, una huella imborrable que enriquece nuestra existencia. Podemos ver el dolor no como un enemigo, sino como una señal de cuánto significó esa persona para nosotros. La gratitud nos permite celebrar la vida que compartimos y nos invita a honrar la memoria de nuestros seres queridos viviendo de una manera que refleje las lecciones y valores que aprendimos de ellos. Esta transformación del dolor en gratitud nos ayuda a sanar y a encontrar un propósito renovado, incluso en medio de la tristeza.

La Impermanencia como Parte del Orden Universal

Los estoicos consideraban la impermanencia como una característica fundamental de la naturaleza. Todo lo que existe está en constante cambio, y la muerte es simplemente una parte de este proceso. Marco Aurelio nos recuerda que "todo lo que sucede, sucede como debería", y esto incluye la muerte de nuestros seres queridos. Ver la muerte como parte del orden natural del universo nos ayuda a aceptar su inevitabilidad y a encontrar paz en medio del dolor.

Aceptar la impermanencia no significa no sentir tristeza, sino reconocer que el cambio es inherente a la vida y que la muerte es una transición natural. Esta comprensión nos permite vivir de una manera más presente y auténtica, valorando cada momento sin darlo por sentado. Al aceptar la naturaleza transitoria de nuestras relaciones, aprendemos a apreciarlas más profundamente mientras existen y a dejar ir cuando llega el momento, con la certeza de que todo forma parte del flujo continuo de la vida. La impermanencia también nos enseña a apreciar la belleza de lo efímero. Cada momento es único precisamente porque no se repetirá. Los estoicos nos animan a ver la naturaleza transitoria de la vida no como una fuente de desesperación, sino como una oportunidad para vivir con mayor intensidad y presencia. Al aceptar la muerte como parte del orden natural, podemos aprender a vivir sin miedo, apreciando cada interacción, cada sonrisa y cada gesto de amor como algo valioso e irrepetible. La impermanencia nos invita a abrazar la vida tal como es, con sus cambios y transiciones, y a encontrar en esa aceptación una fuente de profunda paz.

El Duelo como Oportunidad de Crecimiento Personal

El estoicismo también nos enseña a ver el duelo como una oportunidad para el crecimiento personal. El dolor de la pérdida puede revelarnos nuestras propias debilidades y áreas donde necesitamos trabajar para fortalecer nuestro carácter. Al enfrentarnos al sufrimiento, tenemos la oportunidad de practicar las virtudes estoicas como la fortaleza, la templanza y la sabiduría. Cada experiencia de pérdida nos enseña algo sobre nosotros mismos, sobre la naturaleza de la vida y sobre lo que realmente valoramos. La pérdida nos desafía a vivir con mayor profundidad y propósito. Nos recuerda la importancia de vivir virtuosamente, de ser amables y de aprovechar cada momento que tenemos con quienes aún están a nuestro lado. Al transformar el dolor en una fuente de motivación para mejorar y crecer, podemos encontrar un sentido de propósito incluso en medio de la tristeza.

La muerte de un ser querido, aunque dolorosa, puede ser un recordatorio poderoso de la brevedad de la vida y un impulso para vivir de acuerdo con nuestros valores más profundos. El duelo también nos brinda la oportunidad de reflexionar sobre nuestras propias vidas y nuestras prioridades. Cuando perdemos a alguien, nos enfrentamos a la realidad de que nuestro tiempo es limitado, y esto puede inspirarnos a hacer cambios significativos. Podemos elegir ser más presentes, más compasivos y conscientes de cómo empleamos nuestro tiempo. El dolor del duelo, aunque difícil, nos impulsa a buscar un significado más profundo y a vivir de una manera que honre la memoria de quienes hemos perdido. En este sentido, el duelo se convierte en un catalizador para el crecimiento y el desarrollo personal, ayudándonos a cultivar una vida más rica y significativa.

Encontrando Paz en la Naturaleza del Universo

Finalmente, el estoicismo nos invita a encontrar paz en la aceptación de la naturaleza del universo. La muerte y la pérdida son parte de la existencia, y el sufrimiento que experimentamos por la partida de un ser querido es una expresión del amor que sentimos por ellos. Al aceptar que todo en el universo sigue un orden natural y que la muerte es una parte de ese orden, podemos encontrar una paz profunda y duradera. Epicteto nos recuerda que no debemos lamentar lo que no está bajo nuestro control, y la muerte de aquellos que amamos ciertamente no lo está. En lugar de resistirnos a la realidad de la muerte, podemos aceptarla como parte de la vida y encontrar consuelo en el hecho de que nuestros seres queridos han cumplido su propósito en el gran orden del cosmos. Esta aceptación nos permite seguir adelante con serenidad, honrando su memoria a través de nuestras acciones y viviendo de una manera que refleje el amor y las enseñanzas que nos dejaron. Encontrar paz en la naturaleza del universo implica reconocer que cada ser tiene un papel en el gran tejido de la existencia. La muerte no es el final del significado, sino una transición dentro del orden natural.

Al aceptar esta realidad, podemos liberarnos de la resistencia que causa sufrimiento y, en su lugar, abrazar la serenidad que proviene de vivir en armonía con la naturaleza. La paz que obtenemos de esta aceptación no elimina el dolor, pero lo contextualiza dentro de un marco más amplio, brindándonos consuelo y fortaleza. Nos permite vivir con la certeza de que, aunque la presencia física de nuestros seres queridos ya no esté, su legado sigue vivo en nosotros y en el impacto que tuvieron en el mundo. Afrontar la pérdida de seres queridos nunca es fácil, pero el estoicismo nos ofrece una perspectiva que puede aliviar el sufrimiento y ayudarnos a encontrar un camino hacia la paz. Al aceptar la muerte como parte del ciclo natural, al enfocarnos en lo que podemos controlar y al transformar el dolor en gratitud y crecimiento, podemos honrar a quienes hemos perdido y continuar viviendo de una manera plena y significativa. La filosofía estoica nos enseña que incluso en el dolor más profundo, hay espacio para la serenidad, la fortaleza y el amor. Cada experiencia de pérdida se convierte en una oportunidad para crecer, para vivir con mayor propósito y para encontrar un sentido de conexión más profundo con el flujo eterno de la vida.

CAPÍTULO 4: LA DICOTOMÍA DEL CONTROL APLICADA AL DUELO

El duelo constituye una experiencia profundamente personal y emocional que surge de la pérdida de un ser querido. Enfrentar el dolor asociado a la pérdida suele ser desconcertante y abrumador, ya que las emociones que acompañan al duelo son intensas y complejas. Sin embargo, el enfoque estoico nos proporciona una herramienta filosófica esencial para abordar el duelo con mayor equilibrio: la dicotomía del control. Este concepto central de la filosofía estoica se basa en la distinción entre lo que está bajo nuestro control y lo que no lo está. Aplicar la dicotomía del control al duelo nos permite diferenciar entre los aspectos de la pérdida que podemos gestionar y aquellos que debemos aprender a aceptar, facilitando así un proceso más consciente y equilibrado para sobrellevar el dolor.

Lo que No Podemos Controlar: La Inevitabilidad de la Muerte

En el contexto del duelo, la primera y más evidente realidad que no podemos controlar es la muerte misma. La muerte de nuestros seres queridos es un hecho ineludible que está completamente fuera de nuestro poder; no podemos evitar que ocurra ni alterar el momento en el que sucede. Esta certeza resulta devastadora para muchas personas, ya que genera una profunda sensación de impotencia frente a la pérdida de quienes amamos. No obstante, la filosofía estoica nos recuerda que aceptar la inevitabilidad de la muerte es fundamental para nuestro bienestar emocional. Resistirnos a la realidad de la muerte solo incrementa nuestro sufrimiento, prolongando un dolor que, aunque natural, se convierte en una carga mucho más pesada si no se acepta.

Aceptar que la muerte de nuestros seres queridos es parte del curso natural de la vida no significa que no debamos sentir tristeza o que debamos reprimir nuestras emociones. Los estoicos reconocen el dolor como una respuesta auténtica y profundamente humana ante la pérdida. Sin embargo, al aceptar que la muerte está fuera de nuestro control, podemos liberarnos del sufrimiento adicional que surge del deseo de que las cosas fueran diferentes. La aceptación de lo inevitable nos ayuda a canalizar nuestras emociones de una manera más saludable y a encontrar consuelo en la comprensión de que la muerte es una parte integral de la existencia. Esta aceptación nos permite alcanzar una paz duradera, una paz que proviene de la comprensión de que la muerte es una realidad compartida por todos los seres humanos y que, al igual que el nacimiento y otros hitos significativos, forma parte del ciclo natural de la vida. Además, aceptar la inevitabilidad de la muerte nos invita a reflexionar sobre la naturaleza transitoria de todas nuestras relaciones y a valorar la belleza de lo efímero. Los momentos compartidos con nuestros seres queridos son valiosos precisamente porque no son eternos. Comprender y aceptar esta realidad nos ayuda a vivir de manera más significativa, apreciando cada día y cada interacción como un regalo irrepetible. Este cambio de perspectiva transforma la experiencia del duelo, permitiéndonos pasar de verlo exclusivamente como una tragedia a entenderlo como una oportunidad de crecimiento y una invitación a vivir con mayor autenticidad. Al reconocer la naturaleza transitoria de la vida, nos volvemos más conscientes de la necesidad de vivir plenamente cada momento y de valorar cada conexión que establecemos a lo largo del camino.

Lo que Podemos Controlar: Nuestra Respuesta Ante la Pérdida

Aunque la muerte misma está fuera de nuestro control, lo que sí podemos controlar es nuestra respuesta ante la pérdida. Epicteto afirmaba que "no son los eventos los que nos afectan, sino nuestra interpretación de ellos". Esta máxima nos recuerda que, aunque no podamos cambiar los hechos objetivos, podemos elegir cómo los interpretamos y cómo respondemos a ellos.

En el contexto del duelo, esto significa que podemos decidir cómo manejamos nuestras emociones, cómo enfrentamos el dolor y qué acciones tomamos para seguir adelante después de la pérdida. Controlar nuestra respuesta no implica evitar o negar el dolor, sino encontrar formas constructivas de procesarlo y darle un significado que nos permita avanzar. Podemos optar por recordar a nuestros seres queridos con amor y gratitud, enfocándonos en los momentos compartidos y en el legado que dejaron. También podemos decidir cómo honrar su memoria, ya sea a través de nuestras acciones, nuestro comportamiento, o mediante rituales personales que nos ayuden a sentirnos conectados con ellos. De esta manera, al enfocar nuestra energía en lo que podemos controlar, podemos transformar el duelo en una experiencia de crecimiento y de fortalecimiento de nuestras virtudes. Este proceso de transformación es fundamental para vivir de manera virtuosa, ya que nos permite encontrar un propósito renovado y otorgar un nuevo significado a nuestras vidas, incluso en medio del dolor.

Elegir cómo respondemos al dolor de la pérdida implica practicar la autodisciplina, una virtud esencial del estoicismo. Podemos decidir no dejarnos arrastrar por el dolor hasta el punto de perder el control de nuestras acciones, sino utilizar ese dolor como una fuente de sabiduría. Esta sabiduría nos permite identificar lo que realmente importa en nuestras vidas y enfocar nuestras energías en el crecimiento personal y en el fortalecimiento de nuestras relaciones con quienes aún nos acompañan. La capacidad de elegir nuestra respuesta nos otorga una sensación de autonomía y nos recuerda que, aunque no podamos controlar la muerte, sí podemos decidir cómo vivir el resto de nuestras vidas.

Nuestra capacidad para elegir cómo respondemos al duelo también puede tener un impacto positivo en quienes nos rodean. Al demostrar fortaleza y resiliencia, podemos inspirar a otros que también están atravesando un duelo, convirtiéndonos en un ejemplo de cómo enfrentar la adversidad con valentía y serenidad. Enfocar nuestra respuesta hacia el crecimiento y la gratitud contribuye a crear un entorno en el que el dolor no se convierte en una carga perpetua, sino en un catalizador para una vida más plena y significativa.

Esta elección consciente nos permite honrar a nuestros seres queridos no solo a través del recuerdo, sino también mediante la forma en que vivimos y afrontamos nuestras propias dificultades.

Distinguiendo Entre el Dolor Inevitable y el Sufrimiento Opcional

El duelo es, sin lugar a duda, una experiencia dolorosa. La tristeza, la añoranza y el vacío son emociones inherentes al proceso de aceptar la pérdida de un ser querido. Sin embargo, la filosofía estoica nos enseña que existe una distinción fundamental entre el dolor inevitable y el sufrimiento opcional.

El dolor es una respuesta natural e inevitable ante la pérdida, mientras que el sufrimiento prolongado suele surgir de la resistencia a aceptar lo que no podemos cambiar. Al aplicar la dicotomía del control al duelo, podemos aprender a aceptar el dolor sin añadirle sufrimiento innecesario. Los estoicos nos invitan a abrazar el dolor como una parte esencial de la vida humana, pero también nos exhortan a evitar quedar atrapados en el sufrimiento. La resistencia a aceptar la realidad de la pérdida, el deseo de que las cosas fueran diferentes o el resentimiento hacia la naturaleza misma de la muerte son fuentes de sufrimiento que podemos evitar. Al aceptar lo inevitable, podemos liberarnos del sufrimiento añadido y permitirnos vivir el dolor de una manera más pura y menos destructiva.

Esta aceptación no elimina el dolor, pero lo contextualiza dentro de un marco más amplio de comprensión y serenidad, lo que nos permite vivir con mayor autenticidad y paz. Aceptar el dolor inevitable también nos ayuda a comprender nuestra conexión con todos los seres humanos. Todos compartimos la experiencia del duelo, y reconocer esta conexión nos ayuda a sentirnos menos solos en nuestro sufrimiento. Esta aceptación también nos brinda la oportunidad de empatizar con los demás, ya que, al aceptar y procesar nuestro propio dolor, estamos en una mejor posición para apoyar a quienes también están pasando por una pérdida similar. La capacidad de distinguir entre el dolor inevitable y el sufrimiento opcional nos ayuda a vivir de una manera más auténtica y compasiva, ya que comprendemos que el dolor es parte de la vida, pero el sufrimiento perpetuo es una elección que podemos evitar. Reconocer que el sufrimiento prolongado es opcional también nos empodera para tomar decisiones que promuevan nuestro bienestar. Esto puede incluir buscar apoyo en amigos, familiares o profesionales, participar en actividades que nos aporten consuelo y bienestar, o involucrarnos en proyectos significativos que nos ayuden a canalizar nuestra energía de manera positiva. La distinción entre dolor y sufrimiento nos brinda la libertad de elegir cómo vivir nuestras vidas después de una pérdida, optando por no quedarnos atrapados en el lamento y, en su lugar, encontrar formas de avanzar con propósito y gratitud. Esta elección no solo nos libera del sufrimiento innecesario, sino que también nos permite descubrir nuevas fuentes de significado en nuestras vidas, honrando así a aquellos que hemos perdido de una manera más profunda y enriquecedora.

La Responsabilidad de Vivir con Propósito

Otro aspecto que está bajo nuestro control es cómo elegimos vivir nuestras vidas después de la pérdida. La muerte de un ser querido puede llevarnos a cuestionar el sentido de la vida y el propósito de nuestra existencia. En lugar de sucumbir a la desesperanza, la perspectiva estoica nos anima a encontrar un propósito renovado en medio del duelo. Podemos decidir vivir de una manera que honre la memoria de nuestros seres queridos, actuando con virtud y contribuyendo al bienestar de los demás. De esta forma, el dolor de la pérdida se convierte en una motivación para vivir con mayor profundidad y significado. Marco Aurelio, en sus "Meditaciones", nos insta a recordar que cada día es una oportunidad para actuar con integridad y propósito. La muerte de nuestros seres queridos nos recuerda que el tiempo es limitado y que debemos aprovechar cada momento que se nos concede. Al aplicar la dicotomía del control al duelo, podemos enfocarnos en lo que está bajo nuestro poder: nuestras acciones, nuestras decisiones y cómo elegimos vivir cada día. De esta manera, transformamos el duelo en una oportunidad para crecer y para vivir de acuerdo con nuestros valores más profundos. Elegir vivir con propósito es, en última instancia, una forma de honrar la vida y la memoria de aquellos que hemos perdido, haciendo que su legado viva a través de nuestras acciones. El proceso de encontrar un propósito en medio del duelo también nos permite redefinir nuestras prioridades y centrarnos en lo que es verdaderamente esencial. La muerte de un ser querido nos recuerda la fragilidad de la vida y nos impulsa a ser más conscientes de cómo empleamos nuestro tiempo y nuestras energías. Este sentido renovado de propósito nos motiva a vivir de una manera más plena, a expresar nuestro amor de manera más abierta y a buscar activamente el bienestar de quienes nos rodean.

Así, el duelo se convierte no solo en una experiencia de pérdida, sino también en una oportunidad para transformar nuestra vida y vivir con una mayor conexión con nuestros valores. Encontrar un propósito después de la pérdida también implica una reflexión sobre la contribución que podemos hacer al mundo. Podemos decidir dedicar nuestro tiempo y energía a causas que eran significativas para nuestros seres queridos o buscar nuevas formas de marcar una diferencia positiva en la vida de los demás. Al vivir con propósito, estamos llevando adelante el legado de aquellos que hemos perdido y asegurándonos de que su influencia siga siendo una fuerza positiva en el mundo. Esta elección de vivir con significado no solo honra a quienes se han ido, sino que también nos proporciona un sentido de satisfacción y paz, sabiendo que nuestras vidas tienen un impacto que trasciende nuestras propias experiencias.

Cultivando la Serenidad en Medio del Duelo

La serenidad es una de las virtudes más apreciadas por los estoicos, y resulta especialmente relevante en el contexto del duelo. Al aplicar la dicotomía del control, podemos cultivar una actitud de serenidad que nos permita enfrentar el dolor sin ser abrumados por él. La serenidad no significa la ausencia de dolor, sino la capacidad de mantener la calma y la claridad incluso en medio de las emociones más intensas. Al aceptar lo que no podemos cambiar y enfocarnos en lo que sí podemos controlar, encontramos una fuente de paz interna que nos ayuda a navegar el proceso de duelo con mayor fortaleza y resiliencia. La serenidad también nos permite estar presentes con nuestras emociones sin ser arrastrados por ellas. En lugar de negar o reprimir el dolor, podemos permitirnos sentirlo plenamente, reconociendo que forma parte de nuestra experiencia humana. Al mismo tiempo, la serenidad nos ayuda a no perder de vista nuestra capacidad de actuar de manera virtuosa y de continuar viviendo con propósito. Este equilibrio entre la aceptación del dolor y la búsqueda de la virtud es lo que permite que el duelo se convierta en una experiencia transformadora, en lugar de una fuente de desesperación.

Cultivar la serenidad en medio del duelo también implica aprender a soltar el control sobre aquello que no podemos cambiar. Muchas veces, el dolor del duelo se agrava por la sensación de que deberíamos haber podido hacer algo para evitar la muerte o cambiar el resultado. La filosofía estoica nos enseña que esta sensación de control es una ilusión y que la verdadera serenidad proviene de aceptar nuestras limitaciones. Al dejar ir la necesidad de controlar lo incontrolable, encontramos una fuente de paz que nos permite avanzar con mayor claridad y equilibrio.

Esta serenidad nos acompaña en nuestro proceso de duelo, recordándonos que, aunque el dolor es inevitable, la forma en que elegimos enfrentarlo está bajo nuestro control. La serenidad también nos ayuda a desarrollar una mayor resiliencia emocional. Al mantener una actitud serena frente al dolor, estamos fortaleciendo nuestra capacidad para enfrentar futuras dificultades. La vida está llena de desafíos, y el duelo es solo uno de ellos. Al cultivar la serenidad, nos preparamos para enfrentar no solo el dolor de la pérdida, sino también cualquier otra adversidad que pueda surgir en el camino. Esta resiliencia nos permite vivir con una sensación de fortaleza interna, sabiendo que, aunque no podemos evitar el dolor, podemos elegir enfrentarlo con dignidad y calma.

Conclusión: La Dicotomía del Control como Guía en el Duelo

La dicotomía del control nos ofrece una guía poderosa para enfrentar el duelo de una manera más consciente y equilibrada. Al distinguir entre lo que podemos y no podemos controlar, podemos aceptar la realidad de la muerte sin añadir sufrimiento innecesario y enfocarnos en cómo responder de una manera que honre a nuestros seres queridos y nos permita crecer. La filosofía estoica nos enseña que, aunque no podemos evitar el dolor de la pérdida, sí podemos elegir cómo lo enfrentamos y cómo transformamos esa experiencia en una oportunidad para vivir con mayor profundidad, propósito y serenidad.

A través de la aplicación de la dicotomía del control, podemos encontrar un camino hacia la aceptación y la paz, incluso en medio del duelo más profundo. Esta aceptación nos permite recordar a nuestros seres queridos con amor y gratitud, vivir de una manera que refleje sus enseñanzas, y encontrar en el dolor una fuente de motivación para ser la mejor versión de nosotros mismos. El duelo, desde la perspectiva estoica, no es solo una experiencia de pérdida, sino también una oportunidad para fortalecer nuestro carácter y vivir de acuerdo con nuestras virtudes más elevadas. Al hacerlo, podemos encontrar un sentido renovado de propósito y una serenidad duradera que nos acompañe en cada etapa de nuestra vida, honrando tanto nuestra propia existencia como la de aquellos que hemos perdido.

CAPÍTULO 5: DESARROLLANDO RESILIENCIA ANTE LA ADVERSIDAD

La resiliencia constituye una virtud cardinal que nos capacita para enfrentar las vicisitudes de la vida con fortaleza y adaptabilidad. En el marco del estoicismo, la resiliencia se define como la capacidad de aceptar lo inevitable, aprender de las experiencias dolorosas y transformarnos a partir de ellas. En este capítulo, se explorarán las herramientas filosóficas y prácticas que ofrece el estoicismo para desarrollar la resiliencia, fortaleciendo el carácter y promoviendo una vida significativa, incluso frente a los desafíos más exigentes. Este análisis profundo abarcará cómo los principios estoicos pueden cultivarse de manera constante para construir una vida resiliente, que no solo sobreviva a la adversidad, sino que florezca a través de ella.

La Naturaleza de la Resiliencia Estoica

La resiliencia, desde una perspectiva estoica, no implica indiferencia o insensibilidad ante el sufrimiento, sino la capacidad de mantener la calma, la integridad y la claridad de propósito al enfrentar dificultades. Marco Aurelio, en sus *Meditaciones*, reflexiona sobre la inevitabilidad de los obstáculos y cómo estos representan oportunidades para ejercer la virtud. Para los estoicos, la resiliencia es el resultado de una práctica consciente y constante que nos permite adaptarnos a las circunstancias adversas sin perder de vista nuestros principios fundamentales. La resiliencia, en consecuencia, es un acto de resistencia virtuosa frente a la realidad cambiante y, en ocasiones, hostil del mundo.

La resiliencia implica aceptar la realidad tal y como es, sin tratar de evitar el dolor ni negar la existencia de los problemas. En lugar de percibir la adversidad como algo que debe evitarse, los estoicos la reconocen como una parte integral de la vida que debe ser confrontada y comprendida. Al aceptar la inevitabilidad de las dificultades, desarrollamos una actitud serena y proactiva que transforma los desafíos en oportunidades para el crecimiento personal. La capacidad de aceptar aquello que no podemos cambiar y actuar de manera virtuosa sobre lo que sí está bajo nuestro control constituye la esencia de la resiliencia estoica. La resiliencia estoica se diferencia de la mera resignación en que no implica una actitud pasiva frente a la adversidad. Por el contrario, la resiliencia es una forma activa de ejercer nuestra agencia, empleando nuestras capacidades para enfrentar la adversidad y buscar soluciones a los problemas. Este enfoque se logra mediante el cultivo de las virtudes estoicas y una disposición constante al aprendizaje y la adaptación. La práctica de la resiliencia nos enseña que, aunque no siempre podamos cambiar las circunstancias, sí podemos cambiar nuestra actitud hacia ellas, y esta transformación tiene el poder de modificar radicalmente nuestra experiencia del sufrimiento. Además, la resiliencia estoica se fundamenta en el principio de enfrentar la vida con integridad y con una disposición a crecer a través del dolor. En lugar de ser víctimas de las circunstancias, los estoicos proponen asumir una postura activa, reconociendo que la adversidad es una parte inherente de la experiencia humana y que cada obstáculo ofrece la posibilidad de fortalecer nuestro carácter. La adversidad, desde la perspectiva estoica, no es algo que deba ser simplemente soportado, sino una herramienta esencial para profundizar nuestro entendimiento de la vida y de nosotros mismos.

Aceptación y Cambio: La Dualidad de la Resiliencia

Un aspecto clave de la resiliencia estoica es la comprensión de la dualidad entre aceptación y cambio. La filosofía estoica nos enseña a distinguir entre lo que está bajo nuestro control y lo que no lo está; esta distinción es fundamental para el desarrollo de la resiliencia. Aceptar lo que no podemos cambiar nos libera del sufrimiento innecesario y nos permite concentrar nuestra energía en lo que sí podemos influir.

Esta actitud establece una base sólida para enfrentar la adversidad con determinación y claridad. Epicteto, uno de los grandes referentes del estoicismo, nos recuerda que "no son las cosas en sí mismas las que nos perturban, sino las opiniones que tenemos de ellas". Esta enseñanza subraya la importancia de la interpretación de los eventos para nuestra capacidad de ser resilientes. Si percibimos los obstáculos como insuperables, es probable que nos sintamos derrotados y desprovistos de esperanza. Sin embargo, si vemos los desafíos como oportunidades para fortalecer nuestro carácter, podemos enfrentar la adversidad con una actitud constructiva y proactiva. La resiliencia estoica también se fundamenta en la capacidad de adaptarse al cambio. El cambio es una constante de la existencia, y la habilidad de adaptarse a él es esencial para mantener la estabilidad emocional. Los estoicos nos enseñan a aceptar el cambio con ecuanimidad, reconociendo que todo en la vida está sujeto a transformaciones, muchas veces más allá de nuestro control. Al aceptar esta realidad, podemos reducir la ansiedad que surge del deseo de que las cosas permanezcan inalteradas y, en cambio, concentrarnos en cómo responder de manera efectiva a las nuevas circunstancias. El proceso de adaptación no es pasivo; exige una disposición activa para ajustar nuestras expectativas y acciones ante realidades cambiantes.

En este sentido, la resiliencia estoica no solo implica soportar el cambio, sino también aprovecharlo como una oportunidad para fortalecer nuestro carácter y desarrollar nuestra capacidad de enfrentar futuros desafíos. Esta habilidad para transformar circunstancias adversas en oportunidades de crecimiento convierte a la resiliencia en una virtud indispensable para una vida significativa. Los estoicos sostienen que cada circunstancia que escapa a nuestro control es, en realidad, una oportunidad para practicar la virtud. En lugar de aferrarnos al deseo de que las cosas sean diferentes, aceptamos el presente tal como es y elegimos actuar de la mejor manera posible. Este enfoque nos permite enfrentarnos a la adversidad con una mentalidad de aprendizaje, donde cada fracaso, cada error y cada pérdida se convierten en lecciones que fortalecen nuestro carácter y nos preparan mejor para lo que está por venir.

La Práctica del Amor Fati: Amar el Destino

Uno de los conceptos fundamentales del estoicismo que contribuye al desarrollo de la resiliencia es el *amor fati*, que significa "amor al destino". Este principio implica aceptar no solo lo inevitable, sino también amar todo lo que nos sucede, ya sea positivo o negativo. Amar el destino no significa resignarse pasivamente a la adversidad, sino abrazar cada experiencia como una oportunidad para aprender y crecer. Este enfoque nos permite ver las dificultades no como obstáculos lamentables, sino como elementos esenciales de nuestro camino que enriquecen nuestra comprensión del mundo y de nosotros mismos. Friedrich Nietzsche, influenciado por el estoicismo, también defendió el *amor fati* como un modo de vivir plenamente. Para los estoicos, cada experiencia, por dolorosa que sea, es parte del gran orden del universo. Al practicar el *amor fati*, desarrollamos una resiliencia que nos permite encontrar significado incluso en medio del sufrimiento.

Esto nos ayuda a mantenernos firmes ante la adversidad, sin ser arrastrados por el miedo o la desesperación, y a ver en cada desafío una oportunidad para ejercitar nuestras virtudes y profundizar en nuestro propósito vital. El *amor fati* también implica reconocer que cada evento en nuestras vidas, por desafiante que sea, tiene el potencial de enriquecer nuestra existencia. Al adoptar esta perspectiva, desarrollamos una actitud de aceptación activa que nos permite enfrentar cada situación con gratitud y disposición al aprendizaje.

Esta actitud no solo fortalece nuestra resiliencia, sino que también transforma nuestra relación con el sufrimiento, permitiéndonos verlo como una parte necesaria del proceso de crecimiento y evolución personal. Este amor por el destino es una actitud que va más allá de la simple aceptación; es una afirmación de que cada evento tiene un lugar y un propósito en el orden del cosmos.

Los estoicos nos enseñan que la clave para desarrollar una resiliencia auténtica radica en no ver el sufrimiento como un enemigo, sino como un elemento con el que debemos cooperar para llegar a ser la mejor versión de nosotros mismos. Esta perspectiva cambia fundamentalmente nuestra relación con la adversidad, transformando los desafíos en catalizadores para nuestro crecimiento personal y nuestra realización profunda.

Fortaleciendo la Mente y el Carácter

La resiliencia no surge espontáneamente; es el resultado de una práctica constante y del fortalecimiento tanto de la mente como del carácter. Para los estoicos, desarrollar resiliencia implica ejercitar la fortaleza mental mediante la reflexión y la meditación sobre la naturaleza de la vida y la inevitabilidad de las dificultades. Practicar la visualización negativa, una técnica estoica que consiste en imaginar los peores escenarios posibles, nos prepara para enfrentar la adversidad con ecuanimidad y nos permite desarrollar una mayor apreciación por lo que tenemos en el presente. El fortalecimiento del carácter, por otro lado, implica la práctica diaria de las virtudes estoicas: sabiduría, justicia, templanza y fortaleza. La sabiduría nos guía para discernir lo que está bajo nuestro control y lo que no lo está, lo cual es esencial para desarrollar resiliencia.

La justicia nos impulsa a actuar con integridad y a considerar el bienestar de los demás, incluso en tiempos difíciles. La templanza nos permite mantener el equilibrio emocional y evitar caer en excesos, mientras que la fortaleza nos proporciona el coraje necesario para enfrentar el dolor y la adversidad con dignidad. La práctica constante de estas virtudes fortalece nuestra capacidad de resistir y superar las dificultades, proporcionándonos una guía clara sobre cómo actuar incluso en las circunstancias más desafiantes.

Los estoicos creían que, al cultivar un carácter virtuoso, podríamos enfrentar cualquier situación con serenidad y claridad de propósito, lo cual es fundamental para desarrollar una resiliencia auténtica y duradera. Fortalecer la mente y el carácter también implica la práctica del autocuidado y la reflexión crítica. Los estoicos recomendaban la introspección diaria como una herramienta para evaluar nuestras acciones y emociones, identificando áreas donde podemos mejorar y reforzando nuestros puntos fuertes. Esta reflexión constante nos permite mantenernos alineados con la virtud y desarrollar una resiliencia mayor ante los desafíos que enfrentamos. Al fortalecer nuestra mente y nuestro carácter, nos preparamos mejor para enfrentar las dificultades con una actitud proactiva y una disposición constante al crecimiento. El fortalecimiento del carácter también se relaciona con el desarrollo de la autodisciplina y la capacidad de aceptar la incomodidad como parte del proceso de crecimiento. Al practicar la moderación, la constancia y la reflexión, podemos cultivar una mente más resiliente y un espíritu más fuerte. La autodisciplina no solo implica el control sobre los impulsos y deseos inmediatos, sino también la capacidad de persistir en nuestras metas a pesar de las dificultades y el sufrimiento que podamos encontrar en el camino. Esta autodisciplina es la clave para una resiliencia sólida, ya que nos permite mantenernos firmes incluso cuando las circunstancias externas parecen estar en contra nuestra.

El Papel del Propósito en la Resiliencia

Tener un sentido claro de propósito es otro componente esencial de la resiliencia. Los estoicos sostenían que vivir de acuerdo con nuestros valores más profundos y actuar con virtud nos proporciona un propósito que trasciende las dificultades individuales. Cuando enfrentamos la adversidad, tener un propósito claro nos proporciona la motivación necesaria para seguir adelante, incluso cuando las circunstancias parecen insuperables. Este propósito puede ser tan simple como vivir de manera virtuosa o tan amplio como contribuir al bienestar de la comunidad y del mundo en general. El filósofo Viktor Frankl, influenciado por ideas estoicas, argumentó que aquellos que encuentran un sentido o propósito en medio del sufrimiento son más capaces de soportar el dolor y la adversidad. Esta perspectiva resuena profundamente con el estoicismo, ya que nos recuerda que, aunque no podemos controlar las circunstancias externas, sí podemos controlar cómo respondemos a ellas y cómo encontramos significado en nuestras experiencias. Tener un propósito claro nos ayuda a mantenernos enfocados y resilientes, permitiéndonos ver más allá de las dificultades inmediatas y mantener una visión más amplia de nuestra vida y de lo que queremos lograr. El propósito también actúa como una brújula que nos guía en tiempos de incertidumbre. Cuando nos enfrentamos a desafíos que parecen abrumadores, tener un propósito nos permite mantenernos enfocados en lo que verdaderamente importa y evitar ser desviados por distracciones o emociones pasajeras. Este sentido de dirección es crucial para desarrollar resiliencia, ya que nos proporciona la motivación necesaria para seguir avanzando, incluso cuando las circunstancias son difíciles. Al tener un propósito claro, somos capaces de encontrar sentido en nuestras experiencias, lo que nos ayuda a transformar la adversidad en una oportunidad para crecer y contribuir de manera significativa.

La Resiliencia como Camino de Crecimiento

La resiliencia estoica no se trata simplemente de resistir la adversidad, sino de crecer a partir de ella. Cada experiencia difícil es una oportunidad para aprender algo nuevo sobre nosotros mismos, desafiar nuestras limitaciones y expandir nuestra capacidad de enfrentar el sufrimiento con gracia y dignidad. Al ver la adversidad como un maestro, desarrollamos una actitud de apertura hacia los desafíos de la vida, en lugar de temerlos o evitarlos. Séneca, en sus cartas, nos insta a considerar que el sufrimiento y las dificultades son parte esencial de la condición humana y que, al enfrentarlos con coraje, podemos alcanzar una mayor profundidad de carácter y comprensión. La resiliencia implica, por tanto, un proceso continuo de transformación, en el que cada obstáculo se convierte en una piedra angular para nuestro desarrollo personal. En lugar de ser debilitados por la adversidad, podemos utilizar cada dificultad como un trampolín para fortalecer nuestras virtudes y vivir una vida más plena y significativa. Este enfoque de la resiliencia como camino de crecimiento nos permite adoptar una actitud activa y positiva frente a las dificultades. En lugar de ver la adversidad como un impedimento para nuestro bienestar, podemos verla como una oportunidad para poner en práctica nuestras virtudes y descubrir nuevas facetas de nuestra fuerza interior. La resiliencia no solo nos ayuda a superar los momentos difíciles, sino que también nos transforma, permitiéndonos emerger de las pruebas más fuertes, más sabios y capaces de vivir de acuerdo con nuestros valores más elevados.

Conclusión: La Resiliencia como Virtud Estoica

La resiliencia es una virtud fundamental dentro del marco del estoicismo, ya que nos permite enfrentar la adversidad sin perder de vista nuestros valores y nuestro propósito. Al aplicar los principios estoicos, como la dicotomía del control, el *amor fati* y la práctica de las virtudes, podemos desarrollar una resiliencia que no solo nos ayuda a soportar el sufrimiento, sino que también nos permite crecer a partir de él. La resiliencia estoica nos invita a aceptar la adversidad como una parte inevitable de la vida y a utilizar cada desafío como una oportunidad para fortalecer nuestro carácter y profundizar en nuestra comprensión del mundo. Desarrollar resiliencia no es un proceso rápido ni fácil; requiere práctica constante y una disposición a enfrentar el dolor con coraje y serenidad. Sin embargo, al adoptar una actitud estoica frente a la adversidad, podemos encontrar un sentido renovado de propósito y una mayor capacidad para vivir de acuerdo con nuestras virtudes más elevadas. La resiliencia nos permite no solo resistir los embates de la vida, sino también florecer en medio de ellos, convirtiendo cada obstáculo en oportunidad de aprender y evolucionar.

Capítulo 6: Vivir en el presente y valorar el ahora

Vivir en el presente constituye una de las enseñanzas más fundamentales del estoicismo y, al mismo tiempo, una de las más complejas de aplicar en la vida cotidiana. La naturaleza de la mente humana tiende a oscilar entre el arrepentimiento del pasado y la ansiedad por el futuro. Este movimiento constante entre aquello que ya no podemos modificar y lo que aún no ha sucedido compromete nuestra paz y nos impide aprovechar el momento más valioso que poseemos: el ahora. En este capítulo, profundizaremos en cómo la filosofía estoica nos insta a habitar plenamente el presente, apreciando y valorando cada instante como una oportunidad única para ejercer nuestras virtudes y conferir un significado más profundo a nuestra existencia.

El Presente como la Única Realidad Tangible

Para los estoicos, el presente es la única realidad verdaderamente poseída. El pasado se ha desvanecido y el futuro es incierto; únicamente el momento presente está a nuestro alcance para ser vivido y experimentado. Marco Aurelio, en sus *Meditaciones*, nos exhorta a no permitir que nuestra mente se vea atrapada por fantasías sobre el futuro o nostalgias del pasado, ya que solo podemos actuar en el aquí y el ahora. Esta afirmación resalta la importancia de dirigir nuestra atención hacia el presente, evitando que nuestra energía se disipe en preocupaciones inútiles y pensamientos sobre aquello que no podemos controlar. La incapacidad para vivir plenamente en el presente es una fuente importante de sufrimiento humano.

Al rumiar incesantemente sobre el pasado o preocuparnos de manera desmedida por el futuro, nos privamos de la oportunidad de experimentar la belleza de la vida en el momento actual. Epicteto nos recuerda que debemos concentrar nuestros esfuerzos en lo que tenemos ante nosotros, en aquello que está bajo nuestro control en este preciso instante. Esta atención plena hacia el presente no solo reduce la ansiedad, sino que también incrementa nuestra capacidad para disfrutar y apreciar la vida tal y como se presenta. Al enfocar nuestra mente en lo que está ocurriendo ahora mismo, cultivamos una actitud de gratitud y descubrimos la riqueza inherente incluso en las experiencias más ordinarias. Vivir en el presente implica estar consciente y despierto a cada detalle de la vida. Cuando permitimos que nuestra mente se inunde de preocupaciones sobre el futuro o el pasado, nos desconectamos del único momento en el que podemos actuar y vivir auténticamente. Practicar el vivir en el presente requiere un esfuerzo sostenido por regresar nuestra atención al aquí y al ahora, sin permitir que expectativas o recuerdos nos desvíen del momento actual. Se trata, esencialmente, de un ejercicio de disciplina mental y emocional que nos ayuda a mantenernos enfocados en lo que realmente tiene valor. Además, esta práctica nos exige una constante evaluación de nuestros pensamientos, que deben ser filtrados para asegurar que sean constructivos y estén alineados con la realidad. La práctica de vivir en el presente también nos obliga a reconocer y aceptar la naturaleza efímera de la vida. Cada momento que pasa es irrepetible, y esta realidad debería ser un incentivo para abrazar la vida con toda su intensidad y belleza. Los estoicos nos enseñan que cada segundo es una oportunidad para mejorar, para expresar nuestra mejor versión, y para actuar con virtud y conciencia. La vida no es una sucesión de eventos que simplemente pasan, sino una serie de oportunidades para manifestar lo mejor de nosotros mismos. Este enfoque nos permite vivir con un mayor sentido de propósito y nos recuerda que el tiempo que tenemos es precioso y debe ser valorado como tal. Este enfoque también nos enseña a liberarnos del apego a la perfección, ya que cada momento es suficiente en sí mismo, independientemente de sus imperfecciones. Nos recuerda que la verdadera plenitud radica en la aceptación de lo que es, en lugar de en la búsqueda incesante de lo que podría ser.

La Apreciación de la Fugacidad de la Vida

El concepto de *memento mori* resulta crucial para comprender por qué los estoicos otorgan tanto valor al presente. *Memento mori*, que significa "recuerda que morirás", constituye una reflexión sobre la naturaleza finita de nuestra existencia. Al recordar que la vida es efímera y que ningún momento está garantizado, los estoicos nos invitan a valorar cada instante como si fuera el último. En lugar de considerar esta idea como una fuente de angustia, la perspectiva estoica la convierte en una motivación poderosa para vivir con plenitud y propósito. La conciencia de la fugacidad de la vida nos invita a ser conscientes de la preciosidad de cada momento y de la importancia de no postergar lo que realmente importa. Al vivir con la certeza de que el tiempo es limitado, nos inclinamos a dedicar nuestro presente a acciones significativas y a cultivar relaciones auténticas. Marco Aurelio señala que debemos actuar cada día como si fuera nuestra última oportunidad para ejercer la virtud y contribuir al bien común. Este sentido de urgencia no implica un llamado al pánico, sino una exhortación a centrarnos en lo verdaderamente relevante, dejando de lado las distracciones triviales y priorizando lo esencial. Aceptar la finitud de la vida nos permite discernir lo que realmente vale la pena, priorizar nuestras acciones y decidir vivir en consonancia con nuestros valores más profundos.

La conciencia de la muerte, lejos de ser una fuente de desesperación, se convierte en una herramienta poderosa para recordar lo esencial. Nos ayuda a evitar la procrastinación, a valorar nuestras relaciones y a centrarnos en aquello que proporciona verdadero significado a nuestra existencia. Cada instante que vivimos es irrepetible, y es precisamente la fugacidad de nuestra existencia lo que confiere valor a cada momento. Los estoicos nos exhortan a no malgastar nuestro tiempo en preocupaciones superfluas, sino a utilizar cada momento para crecer, aprender y ejercer nuestras virtudes. En este sentido, vivir cada momento con la conciencia de la muerte nos empodera para vivir sin arrepentimientos y para actuar con mayor determinación y propósito. Al reflexionar sobre la fugacidad de la vida, también llegamos a comprender la importancia de la humildad. Al reconocer que somos seres finitos, entendemos que nuestra existencia es solo una pequeña parte del gran tapiz del universo. Esto nos ayuda a relativizar nuestros problemas, a no magnificar nuestras dificultades y a mantener una actitud equilibrada ante los desafíos. La humildad nos permite aceptar nuestras limitaciones sin resignarnos, buscando siempre mejorar y vivir de acuerdo con nuestros principios, pero sin la carga innecesaria del orgullo o la vanidad. Esta conciencia también nos recuerda la importancia de vivir de manera intencional, asegurándonos de que nuestras acciones están alineadas con lo que realmente valoramos, ya que cada momento es una oportunidad única que no se repetirá.

La Trampa de la Procrastinación y el Anhelo por el Futuro

Uno de los mayores obstáculos para vivir en el presente es la tendencia a la procrastinación y el anhelo constante de un futuro idealizado. Frecuentemente posponemos nuestras acciones más importantes para un momento posterior, bajo la suposición de que siempre habrá tiempo para hacer lo que deseamos o debemos hacer. Sin embargo, la procrastinación no solo nos priva de aprovechar el presente, sino que también nos llena de ansiedad al acumular responsabilidades y deseos no cumplidos. Séneca, en sus *Cartas a Lucilio*, advierte que desperdiciar el presente esperando un futuro más propicio es una de las mayores insensateces del ser humano.

El futuro rara vez se materializa tal como lo imaginamos, y cuanto más anhelamos un momento perfecto para actuar o ser felices, más nos alejamos de la posibilidad de disfrutar del presente. Vivir en el presente significa liberarnos de las expectativas sobre lo que vendrá y dirigir nuestra energía hacia lo que podemos hacer hoy. Los estoicos enseñan que el verdadero bienestar no depende de circunstancias futuras, sino de nuestra capacidad para vivir virtuosamente en el momento actual. Este enfoque nos permite liberarnos del peso de las expectativas y encontrar satisfacción en el hecho de que estamos haciendo lo mejor con lo que tenemos en este momento. La procrastinación es una trampa que perpetuamente posterga la vida; nos roba el presente y nos hace creer que siempre habrá un momento mejor para actuar. Liberarse del anhelo de un futuro perfecto nos permite enfocarnos en las acciones y decisiones que tenemos frente a nosotros. Esto nos lleva a vivir de manera más auténtica y a encontrar satisfacción en el proceso mismo, en lugar de esperar un momento ideal que quizás nunca se materialice. Los estoicos nos exhortan a actuar ahora, sin esperar a que las condiciones sean perfectas, ya que el momento presente es el único en el que verdaderamente tenemos poder. La procrastinación y el anhelo del futuro nos impiden experimentar la plenitud del presente, nos alejan de nuestra capacidad de actuar y nos mantienen atrapados en una ilusión de control sobre el tiempo. Vivir en el presente también implica la capacidad de aceptar que el resultado de nuestras acciones puede no ser siempre el esperado, y esto está bien. Los estoicos nos enseñan a enfocarnos en nuestras intenciones y esfuerzos, dejando de lado el apego a los resultados. Este desapego nos permite actuar sin temor y con mayor libertad, ya que comprendemos que lo único bajo nuestro control es el proceso, no el resultado final. Esta perspectiva nos da fuerza para continuar y nos permite experimentar una satisfacción genuina con cada paso que damos. Esta es una forma poderosa de resiliencia, ya que al liberarnos del miedo al fracaso o al error, nos abrimos a la posibilidad de aprender de cada experiencia, incluso cuando los resultados no son los deseados.

La Práctica de la Atención Plena Estoica

La práctica de la atención plena es un componente esencial del estoicismo para vivir en el presente. Aunque el término "atención plena" suele asociarse con tradiciones orientales, los estoicos también promovían una forma de conciencia plena que implica estar presentes y atentos en cada acción que realizamos. Epicteto nos insta a ser conscientes de nuestros pensamientos y acciones, evaluándolos constantemente a la luz de nuestras virtudes y principios éticos. Esta vigilancia continua nos permite habitar plenamente nuestras actividades cotidianas y evitar que nuestra mente se disperse en preocupaciones innecesarias. La atención plena estoica no se limita a momentos de meditación formal, sino que se practica durante todo el día, en cada interacción y decisión. Al prestar atención plena a nuestras actividades, nos volvemos más conscientes de nuestras elecciones y de cómo estas contribuyen a nuestro bienestar y al de los demás. Este enfoque nos ayuda a evitar el automatismo con el que muchas veces vivimos, permitiéndonos actuar en consonancia con nuestros valores en lugar de reaccionar de manera impulsiva ante las circunstancias. Los estoicos promovían la introspección diaria, evaluando cada jornada para comprender qué acciones se hicieron bien y cuáles podrían mejorarse, con el propósito de vivir de manera más consciente y con mayor intención. Un ejemplo práctico de atención plena estoica es la capacidad de apreciar las pequeñas cosas de la vida cotidiana. Marco Aurelio nos exhorta a encontrar belleza incluso en los aspectos más sencillos de la existencia, como el color del cielo o la sonrisa de un ser querido. Esta apreciación del presente, de lo aparentemente trivial, nos ayuda a cultivar una actitud de gratitud y a experimentar la plenitud de cada momento, sin importar cuán simple o complejo sea. Practicar la atención plena implica estar inmersos totalmente en lo que hacemos, valorando cada detalle y cada interacción, y reconociendo que cada momento posee un valor inherente que no debe ser ignorado.

La atención plena estoica también implica la capacidad de no reaccionar impulsivamente ante las circunstancias, sino de tomar un momento para reflexionar sobre nuestras acciones. Esto nos permite responder de manera más consciente y alineada con nuestros valores, en lugar de ser arrastrados por nuestras emociones o por el impulso del momento. Esta práctica constante de reflexión y autocontrol nos permite desarrollar un carácter más firme y virtuoso, y nos ayuda a enfrentar las dificultades de la vida con mayor resiliencia y ecuanimidad. La atención plena también se extiende a nuestras interacciones con los demás. Los estoicos nos instan a escuchar con atención y a estar presentes en nuestras relaciones, entendiendo que cada conversación y cada encuentro es una oportunidad para practicar la virtud, ya sea la paciencia, la empatía o la justicia. Al estar plenamente presentes en nuestras relaciones, no solo fortalecemos nuestros lazos con los demás, sino que también cultivamos una vida más rica y significativa.

Superando las Preocupaciones por el Futuro

Una de las barreras más significativas para vivir en el presente es la preocupación constante por el futuro. La incertidumbre sobre lo que sucederá mañana, la próxima semana o el próximo año puede consumir nuestra energía mental y emocional, impidiéndonos disfrutar de lo que tenemos hoy. Los estoicos nos recuerdan que el futuro, en gran medida, está fuera de nuestro control, y que preocuparnos por él no cambia su curso, sino que únicamente nos llena de ansiedad y nos distrae del momento presente.

Epicteto aconseja que concentremos nuestra atención en lo que podemos controlar en el aquí y el ahora. La preocupación por el futuro no tiene cabida cuando comprendemos que nuestra responsabilidad radica en nuestras acciones presentes. Al enfocar nuestra energía en actuar virtuosamente hoy, estamos construyendo el mejor futuro posible, sin necesidad de preocuparnos innecesariamente por lo que aún no ha llegado. Esta perspectiva no implica desatender la planificación o la previsión, sino evitar que el temor al futuro nos paralice y nos impida vivir el presente con plenitud.

La planificación tiene su lugar, pero debe ir seguida de la acción en el presente, sin quedar atrapados en el temor o en expectativas que generan ansiedad. La incertidumbre sobre el futuro es una realidad inevitable, pero los estoicos nos enseñan que podemos encontrar paz al aceptar esa incertidumbre y centrarnos en lo que podemos hacer hoy. En lugar de perder energía en preocupaciones que escapan a nuestro control, podemos dedicar nuestro esfuerzo a las acciones que están dentro de nuestro ámbito de influencia. De esta manera, el futuro se convierte en algo que construimos momento a momento, a través de nuestras decisiones presentes, sin la carga emocional que acompaña a la preocupación constante.

La Virtud y el Momento Presente

Para los estoicos, vivir en el presente también implica un compromiso con la virtud. La virtud solo puede ejercerse en el momento actual, ya que nuestras acciones y decisiones se llevan a cabo en el aquí y el ahora. No podemos ser valientes en el pasado ni justos en el futuro; solo podemos practicar estas virtudes en el presente. Marco Aurelio enfatiza que cada día nos presenta oportunidades para ejercer nuestras virtudes, y que, al centrarnos en vivir conforme a nuestros valores en el momento actual, encontramos un sentido profundo de propósito y satisfacción. Vivir en el presente, entonces, no es simplemente una práctica de bienestar personal, sino un compromiso con la virtud y la excelencia moral. Cada momento nos brinda la posibilidad de actuar con sabiduría, justicia, templanza y coraje, y es al ejercer estas virtudes en el presente cuando realmente estamos viviendo conforme a los ideales estoicos. Este enfoque nos permite vivir una vida plena y significativa, en la que cada día cuenta y cada momento se convierte en una oportunidad para mejorar y contribuir al bien común. Practicar la virtud en el presente nos asegura que estamos haciendo lo mejor que podemos con lo que tenemos, y nos permite enfrentar cualquier desafío con dignidad y firmeza.

CAPÍTULO 7: LA MUERTE COMO MAESTRA DE LA VIDA

La muerte, un tema que a menudo se evita en las conversaciones cotidianas, es una realidad ineludible para todos los seres humanos. Lejos de ser un evento que debe temerse o ignorarse, los estoicos consideraban a la muerte como una maestra esencial de la vida. La conciencia de nuestra mortalidad, de nuestra finitud, no solo nos desafía a aceptar lo inevitable, sino también nos impulsa a vivir con mayor significado, propósito y plenitud. En este capítulo, exploraremos cómo la perspectiva estoica sobre la muerte nos ofrece herramientas poderosas para aprender a vivir mejor y cómo abrazar la muerte como una guía que nos recuerda lo que realmente importa, lo que nos impulsa a actuar en armonía con nuestros valores y nos ayuda a apreciar la vida con una nueva perspectiva, consciente y profunda.

La Muerte como Motor de la Autenticidad

Para los estoicos, la muerte no es un adversario a vencer, sino una parte integral de la existencia humana que nos recuerda la importancia de vivir auténticamente. La reflexión sobre la muerte nos insta a no tomar la vida como algo garantizado, sino a valorar cada momento como una oportunidad que se nos otorga solo una vez. Séneca, en sus cartas, subraya que la verdadera sabiduría consiste en aprender a morir, pues quien comprende la naturaleza de la muerte es capaz de comprender la vida misma en toda su profundidad. El *memento mori*, o "recuerda que morirás", no es una invitación a la desesperación, sino a la autenticidad.

Nos obliga a confrontar la realidad de nuestra finitud y nos impulsa a ser más genuinos, a desprendernos de las máscaras que llevamos y a vivir en congruencia con nuestros valores más profundos. La conciencia constante de la muerte es una llamada a la acción. Cuando reconocemos que nuestra existencia es limitada, dejamos de postergar lo que realmente es significativo. La procrastinación y la indiferencia hacia nuestras propias decisiones pierden fuerza cuando entendemos que cada día puede ser el último. La muerte nos enseña que no hay tiempo para vivir una vida que no sea nuestra; nos desafía a actuar, a ser valientes y a perseguir nuestros objetivos sin la carga del temor o de la aprobación externa. La reflexión sobre la muerte, entonces, se convierte en un acto de liberación personal, una oportunidad para liberarnos de los condicionamientos sociales y perseguir aquello que realmente nos importa. Al hacerlo, encontramos un sentido de autenticidad que trasciende las expectativas y los estándares impuestos por la sociedad, logrando así una vida más alineada con lo que realmente valoramos. La muerte nos recuerda que la vida no es infinita y que cada día que pasa es una oportunidad que jamás volverá. Este recordatorio nos permite comprender que la autenticidad no es un lujo, sino una necesidad para vivir una vida plena y significativa. Cuando abrazamos nuestra mortalidad, podemos ser más honestos con nosotros mismos y con los demás, dejar de lado la preocupación por la imagen que proyectamos y centrarnos en lo que realmente queremos hacer y en cómo deseamos ser recordados. Esta visión nos libera del miedo al juicio y nos permite vivir con más coraje y menos reservas, priorizando aquello que verdaderamente nos llena de propósito. Al ser conscientes de nuestra propia finitud, aprendemos a valorar cada decisión que tomamos y cada momento que vivimos como un acto irrepetible y valioso. Es precisamente esta conciencia la que infunde una urgencia silenciosa y poderosa en nuestras vidas, alentándonos a vivir con integridad y pasión.

La Muerte como una Fuente de Perspectiva

La muerte nos ofrece una perspectiva única sobre la naturaleza de nuestros problemas y preocupaciones diarias. Cuando nos enfrentamos a la realidad de nuestra mortalidad, muchos de los dilemas que en otro contexto parecerían abrumadores pierden su peso. La filosofía estoica nos enseña a ver la muerte como un filtro que permite discernir lo esencial de lo superfluo. Marco Aurelio, en sus *Meditaciones*, reflexiona sobre lo breve y transitorio de la vida, y cómo, al mantener siempre la muerte en perspectiva, podemos evitar enredarnos en pequeñeces que no tienen un valor real en el gran esquema de las cosas. Cuando reconocemos que nuestro tiempo es finito, se nos presenta la oportunidad de priorizar con claridad. Este recordatorio constante nos invita a distinguir entre lo que es urgente y lo que es verdaderamente importante. Nos permite vivir con intención, dedicando nuestra energía a aquello que enriquece nuestras vidas y dejando de lado lo que nos desvía de nuestro propósito. La muerte, entonces, se convierte en una aliada que nos guía hacia una existencia más significativa, libre de preocupaciones triviales y orientada hacia el cultivo de lo que verdaderamente tiene valor, como nuestras relaciones, nuestras virtudes y el impacto que deseamos dejar en el mundo. Esta perspectiva también nos ayuda a desarrollar la virtud de la ecuanimidad. Cuando aceptamos la realidad de nuestra propia muerte, nos volvemos menos vulnerables a los altibajos emocionales causados por eventos externos. Las pérdidas materiales, los conflictos y las adversidades cotidianas pierden su capacidad de dominarnos cuando entendemos que todo, incluido nosotros mismos, está destinado a desaparecer. Esta comprensión nos ayuda a mantenernos serenos ante la adversidad y a no dejarnos arrastrar por las emociones descontroladas.

La muerte nos enseña que, aunque no podemos controlar lo que ocurre fuera de nosotros, sí podemos controlar nuestra respuesta y nuestra actitud ante lo inevitable. Esta serenidad ante lo incierto es uno de los mayores dones que nos brinda la aceptación de la muerte, y nos permite enfrentar la vida con una mayor paz interior y resiliencia. Además, la perspectiva que la muerte nos brinda nos ayuda a enfocarnos en el presente con una claridad renovada. A menudo, nuestras preocupaciones diarias están impulsadas por el miedo al futuro o por arrepentimientos del pasado. La conciencia de que nuestra existencia es limitada nos permite ver que lo único que verdaderamente poseemos es el momento actual. En lugar de dispersar nuestra energía en preocupaciones que escapan a nuestro control, podemos dirigir nuestra atención hacia lo que podemos hacer hoy, aquí y ahora, para vivir con integridad y propósito. La muerte, en este sentido, nos enseña que el verdadero sentido de la vida se encuentra en cómo vivimos cada instante, en nuestra capacidad de aprovechar al máximo cada oportunidad y en el compromiso con nuestras acciones. Este enfoque nos invita a abrazar cada día como una oportunidad única de crecimiento y conexión, valorando las experiencias que se nos presentan y las personas con quienes compartimos nuestra existencia.

El Valor Transformador de la Mortalidad

El reconocimiento de nuestra mortalidad tiene un profundo valor transformador. Al recordarnos que nuestra vida tiene un final, se nos presenta una oportunidad para reevaluar nuestras prioridades y enfocar nuestras acciones en lo que realmente importa. Esta conciencia nos empuja a trascender la superficialidad y a buscar un sentido más profundo en nuestras acciones y relaciones. Nos invita a preguntarnos: ¿Qué legado queremos dejar? ¿Qué virtudes deseamos cultivar? ¿Cómo queremos ser recordados? Estas preguntas, surgidas de la reflexión sobre la muerte, nos permiten alinear nuestras decisiones con nuestros valores más elevados y vivir de manera que nuestras acciones reflejen lo mejor de nosotros. La conciencia de la muerte también nos invita a practicar la virtud del desapego.

En un mundo donde se nos impulsa constantemente a acumular bienes materiales y a buscar la validación externa, la realidad de la muerte nos recuerda que nada de eso perdura. Epicteto nos enseña que no debemos aferrarnos a lo que es temporal, pues todo lo que poseemos, incluidos nuestros propios cuerpos, es efímero. Al internalizar esta lección, aprendemos a disfrutar de las cosas sin obsesionarnos con su pérdida, y a valorar nuestras experiencias y relaciones por lo que son, sin el apego que suele generar sufrimiento. La muerte, al recordarnos que todo es transitorio, nos ofrece una libertad única: la libertad de vivir sin miedo a perder. Además, la reflexión sobre la muerte nos lleva a entender la importancia del momento presente. Cada día es un regalo, una oportunidad para actuar con sabiduría y amor, y para contribuir al bien común. La muerte nos enseña que no podemos darnos el lujo de esperar un futuro perfecto para ser felices o para comenzar a vivir plenamente. La vida no es un ensayo general; cada momento cuenta, y la muerte nos exhorta a vivir con la urgencia de quienes comprenden que el mañana no está garantizado. Este sentido de urgencia no implica ansiedad, sino un enfoque intencional y decidido hacia el presente, hacia la acción virtuosa en el aquí y ahora. Al vivir con esta consciencia, nuestra vida adquiere una profundidad y un propósito que trascienden las preocupaciones cotidianas. Cada vez que reflexionamos sobre la mortalidad, también se nos presenta una oportunidad para transformar nuestro enfoque hacia los demás. La conciencia de la muerte nos hace entender que cada persona que conocemos está viviendo una experiencia tan transitoria como la nuestra. Esto nos lleva a cultivar relaciones más auténticas y significativas, libres de rencores innecesarios y abiertas a la compasión y el entendimiento mutuo. El valor transformador de la muerte radica en la humildad que nos infunde, recordándonos que somos parte de un todo más grande y que nuestra existencia individual está interconectada con la de los demás.

La Muerte como Maestra de la Virtud

La muerte también nos enseña sobre la importancia de la virtud y de la excelencia moral. Los estoicos creían que una vida bien vivida es aquella en la que se practica la virtud constantemente, y la muerte nos sirve como recordatorio de la necesidad de vivir de acuerdo con nuestros principios. Saber que nuestra vida tiene un límite nos motiva a actuar con coraje, justicia, sabiduría y templanza en cada momento. Nos enseña que el verdadero éxito no reside en acumular riqueza o poder, sino en vivir de manera íntegra y en contribuir al bienestar de los demás. Marco Aurelio reflexiona que la muerte es parte del orden natural, y que resistirla es resistir el flujo mismo de la vida. Esta aceptación serena de la muerte nos enseña a abrazar la realidad tal y como es, sin miedo ni resistencia. La muerte, al ser inevitable, nos da la oportunidad de practicar la virtud de la aceptación y de encontrar paz en lo que no podemos cambiar. Este enfoque no es resignación pasiva, sino una forma activa de compromiso con la vida. La aceptación de la muerte nos permite vivir con valentía y nos invita a actuar siempre con rectitud, sabiendo que cada acción puede ser la última y que nuestra responsabilidad es actuar conforme a nuestros valores, sin importar las circunstancias. La muerte también nos ofrece la posibilidad de practicar la compasión. Al reconocer nuestra propia finitud, también nos volvemos más conscientes de la mortalidad de los demás, lo cual nos permite relacionarnos con ellos de una manera más humana y empática. Entendemos que todos compartimos la misma condición, que todos enfrentamos el mismo destino inevitable, y esto nos ayuda a ser más amables, a perdonar más fácilmente y a valorar nuestras relaciones.

La muerte, entonces, no solo nos enseña a vivir mejor nuestra propia vida, sino también a relacionarnos mejor con los demás, a construir conexiones más profundas y a actuar con amor y comprensión. Esta compasión nos permite ver más allá de nuestras diferencias y conectar con los demás a un nivel más humano y auténtico. El ejercicio de la virtud se vuelve más significativo cuando somos conscientes de la muerte, porque comprendemos que nuestras acciones no son eternas, sino que tienen un impacto inmediato y duradero en quienes nos rodean. Practicar la virtud se convierte en un legado viviente que trasciende nuestra propia existencia. La muerte nos recuerda que nuestras acciones son finitas, pero su eco puede perdurar en la memoria de quienes hemos tocado con nuestra conducta justa y virtuosa. En este sentido, cada acto de valentía, justicia o compasión que realizamos se convierte en una afirmación de vida, en una muestra de lo mejor que podemos ser, y en un regalo que dejamos para los demás.

El Legado de una Vida Bien Vivida

El reconocimiento de nuestra mortalidad nos lleva a considerar el legado que deseamos dejar. Los estoicos nos invitan a reflexionar sobre cómo nuestras acciones actuales impactan no solo nuestra vida, sino también la de quienes nos rodean y la de generaciones futuras. La muerte nos recuerda que, aunque nuestra existencia individual es finita, nuestras acciones pueden tener un impacto duradero. Al vivir con virtud y propósito, podemos dejar un legado que inspire a otros y que contribuya al bien común. Este legado no se mide en términos de riqueza o fama, sino en la calidad de nuestras acciones y en la influencia positiva que ejercemos sobre el mundo. Vivir con la conciencia de la muerte nos impulsa a actuar con integridad, a ser un ejemplo para los demás y a contribuir de manera significativa a nuestra comunidad. Nos recuerda que, al final, lo que importa no es cuánto tiempo vivamos, sino cómo lo vivimos. La muerte nos invita a vivir de tal manera que, cuando llegue el momento de partir, podamos hacerlo con la tranquilidad de saber que hemos hecho lo mejor que podíamos, que hemos amado, que hemos aprendido y que hemos dejado el mundo un poco mejor de lo que lo encontramos.

La muerte es, por tanto, una maestra invaluable. Nos recuerda la urgencia de vivir plenamente, de actuar con virtud, de construir relaciones significativas y de dejar un legado que trascienda nuestra existencia. Al aceptar la muerte como parte del ciclo natural de la vida, aprendemos a vivir sin miedo, con gratitud y con un profundo sentido de propósito. La muerte, lejos de ser el fin, es el punto de partida para una vida llena de significado y autenticidad. Nos invita a dejar de lado las preocupaciones triviales, a enfocarnos en lo esencial y a vivir con el coraje y la determinación de quienes saben que cada día cuenta y que cada acción importa. Al aprender de la muerte, aprendemos, en última instancia, a vivir.

CAPÍTULO 8: PRÁCTICAS ESTOICAS PARA ENCONTRAR PAZ EN LO INEVITABLE

La filosofía estoica ofrece un enfoque práctico y profundo para lidiar con las realidades inevitables de la existencia, especialmente en lo que respecta a la muerte y la adversidad. La muerte es una de las pocas certezas que tenemos desde el momento en que nacemos, y los estoicos comprendían que la clave para enfrentarla con serenidad radica en la preparación mental y en la práctica de ciertos hábitos que promueven la paz interior. En este capítulo, exploraremos varias prácticas estoicas que nos permiten aceptar y encontrar paz en lo inevitable, ayudándonos a cultivar un estado de tranquilidad ante los desafíos de la vida y, sobre todo, frente a la certeza de nuestra propia mortalidad. Estas prácticas, aunque filosóficas, son profundamente pragmáticas y buscan transformar la forma en que percibimos nuestras circunstancias. La paz no es un estado pasivo ni un refugio frente a la tormenta, sino un proceso activo de aceptación, cultivo de la virtud y entrenamiento de la mente para mantener la ecuanimidad. A través de estas herramientas, aprenderemos a fortalecer nuestra resiliencia y a enfrentar las dificultades de la vida, incluida la muerte, con un espíritu sereno y firme.

Reflexión Diaria: La Mente como Herramienta del Equilibrio

Una de las prácticas más importantes del estoicismo es la reflexión diaria. Marco Aurelio, uno de los grandes exponentes de la filosofía estoica, escribía constantemente en sus *Meditaciones*, reflexionando sobre el curso de sus días y examinando sus propias acciones, pensamientos y emociones. Esta práctica le permitía mantener una perspectiva equilibrada y enfocada, corrigiendo el curso de su comportamiento y alineándolo con los principios de virtud y razón. La reflexión diaria es una herramienta poderosa que nos permite examinar nuestras respuestas a las circunstancias de la vida y reconocer la inevitabilidad de ciertos eventos, incluyendo la muerte. La reflexión diaria implica tomarse un tiempo, preferiblemente al final del día, para analizar nuestras acciones y pensamientos. Este proceso nos lleva a cuestionarnos: ¿Actuamos con virtud? ¿Permitimos que el miedo o la ira controlaran nuestras acciones? ¿Hubo algo que no estaba bajo nuestro control y que sin embargo nos causó preocupación? Estas preguntas nos ayudan a darnos cuenta de la naturaleza efímera de muchas de nuestras preocupaciones y, a través de este análisis, aprendemos a centrarnos en lo que realmente importa y a dejar ir lo que no podemos cambiar. Aceptar la inevitabilidad de la muerte y prepararnos para ella es un ejercicio constante de reflexión, de evaluar nuestras prioridades y de preguntarnos si estamos viviendo de la manera en que quisiéramos ser recordados. Además, la reflexión diaria es un recordatorio constante del *memento mori*, la conciencia de nuestra propia mortalidad. Cada noche, al evaluar nuestras acciones, podemos preguntarnos si ese día lo vivimos de una manera que refleje nuestros valores y si dejamos de lado el miedo a lo inevitable. Al hacerlo, fortalecemos nuestra mente para afrontar el futuro sin temor y para encontrar paz en la aceptación de aquello que está más allá de nuestro control. Este enfoque nos permite comprender que no somos víctimas de nuestras circunstancias, sino agentes activos en nuestra percepción de los eventos y que, aunque no podemos evitar la muerte, sí podemos elegir cómo responder a su realidad.

La Dicotomía del Control: Concentrarse en lo que Podemos Controlar

La dicotomía del control es un principio fundamental en el estoicismo. Se refiere a la capacidad de distinguir entre aquello que podemos controlar y aquello que no. Epicteto enseñaba que debemos concentrar nuestros esfuerzos solo en lo que depende de nosotros —nuestros pensamientos, nuestras acciones y nuestras decisiones— y no preocuparnos por lo que está fuera de nuestro alcance, como las opiniones de los demás, las circunstancias externas o incluso el momento de nuestra muerte. La aplicación de la dicotomía del control nos libera del peso de las preocupaciones innecesarias y nos permite enfocar nuestras energías en aquello que realmente importa y que tiene el potencial de mejorar nuestra vida. Cuando aceptamos que no podemos evitar la muerte ni el sufrimiento que a menudo la acompaña, podemos empezar a ver esas realidades con menos temor y más aceptación. La dicotomía del control nos enseña que, aunque no podemos cambiar el hecho de que todos moriremos, sí podemos trabajar en la forma en que elegimos vivir, en cómo nos preparamos para la muerte y en cómo enfrentamos la pérdida de los demás. La práctica de concentrarse solo en lo que podemos controlar no solo alivia el miedo y la ansiedad, sino que también nos devuelve el poder sobre nuestras vidas. Muchas veces, el sufrimiento que asociamos con la muerte proviene del deseo de controlar lo incontrolable, de luchar contra la inevitabilidad de la naturaleza. Al soltar ese deseo de control y enfocarnos en cómo podemos responder a la muerte de una manera virtuosa, cultivamos una paz interior que no está sujeta a las circunstancias externas. Esta práctica nos invita a redefinir nuestras prioridades, a invertir nuestra energía en vivir de manera plena y significativa y a aceptar la muerte como una parte natural del ciclo de la vida.

Visualización Negativa: Abrazar la Impermanencia

Otra práctica fundamental del estoicismo es la visualización negativa, también conocida como *premeditatio malorum*. Esta técnica consiste en imaginar, de manera consciente y deliberada, escenarios negativos que podrían suceder en nuestras vidas, incluyendo la pérdida de seres queridos y nuestra propia muerte. Aunque pueda parecer contradictorio, la visualización negativa no tiene como objetivo sumergirnos en el pesimismo, sino prepararnos mental y emocionalmente para aceptar lo inevitable y enfrentar las dificultades con mayor resiliencia y calma. Los estoicos entendían que la mayoría de nuestro sufrimiento proviene de la resistencia a aceptar la realidad tal como es. Al practicar la visualización negativa, nos familiarizamos con la posibilidad de que las cosas no salgan como deseamos y, al hacerlo, reducimos el impacto emocional que esos eventos podrían tener sobre nosotros. Imaginar nuestra propia muerte o la de aquellos a quienes amamos nos permite ver la fragilidad de la vida y valorar el tiempo que tenemos juntos. Esta práctica nos ayuda a desarrollar una actitud de gratitud, ya que, al considerar la posibilidad de perder lo que tenemos, aprendemos a apreciarlo más intensamente mientras aún está presente. La visualización negativa también nos ayuda a ver la muerte no como un enemigo, sino como una parte natural de la vida. Al imaginar nuestro propio final, podemos prepararnos para enfrentar ese momento con dignidad y serenidad, aceptando que es el destino de todos los seres vivos. Esta aceptación nos permite vivir con mayor ligereza, sin el temor constante a lo que inevitablemente llegará. La visualización negativa nos recuerda que, aunque no podemos evitar la muerte, podemos elegir cómo responder a su presencia, y esa elección determina la calidad de nuestra experiencia vital.

Practicar el Desapego: La Libertad de Vivir sin Miedo a Perder

El desapego es otra práctica esencial del estoicismo, que nos permite encontrar paz en lo inevitable al liberarnos del miedo a perder lo que valoramos. Epicteto nos recuerda que todo lo que poseemos, incluidas nuestras relaciones y nuestros cuerpos, es temporal y efímero. Practicar el desapego no significa que debamos dejar de amar o valorar a quienes nos rodean, sino que debemos entender y aceptar que nada en la vida nos pertenece de manera permanente. Este entendimiento nos ayuda a disfrutar de las cosas y las personas mientras están presentes, sin el miedo paralizante a perderlas.

El desapego nos libera del sufrimiento que proviene del apego excesivo a lo que no podemos controlar. Al aceptar que la muerte forma parte de la vida y que todos los seres, incluyéndonos a nosotros mismos, estamos destinados a partir en algún momento, podemos relacionarnos con los demás de una manera más plena y amorosa. El desapego nos enseña a valorar las relaciones y las experiencias sin la necesidad de aferrarnos a ellas, lo que nos permite vivir con más libertad y menos miedo. La práctica del desapego también nos prepara para aceptar nuestra propia muerte, ya que nos enseña a soltar el deseo de permanencia y a vivir cada momento como un regalo. Cuando logramos desapegarnos de la idea de poseer a las personas o las cosas, comenzamos a experimentar un amor más auténtico y profundo. Un amor que no está condicionado por el miedo a perder, sino que se expresa plenamente en el presente. El desapego nos permite aceptar la muerte no solo como algo inevitable, sino como un aspecto que enriquece nuestras vidas, recordándonos que cada momento cuenta y que cada encuentro tiene un valor incalculable precisamente porque es fugaz.

La Naturaleza y el Orden Universal: Aceptar Nuestro Lugar en el Todo

Los estoicos creían firmemente en el concepto del orden universal, una visión de que todo lo que sucede forma parte de un plan mayor y que cada uno de nosotros tiene un papel dentro de ese orden natural. La muerte, entonces, no es una anomalía, sino un componente esencial del ciclo de la vida. Aceptar este orden universal implica reconocer que nuestra existencia individual es solo una pequeña parte de algo mucho más vasto y complejo. Marco Aurelio decía que resistir la muerte es resistir el orden natural del universo, y que la verdadera paz se encuentra en abrazar nuestro papel dentro de ese orden. Aceptar la naturaleza y el orden universal nos permite ver la muerte desde una perspectiva más amplia, como una transición más en el ciclo de la vida, similar a cómo el invierno sigue al otoño.

Al aceptar que nuestra vida tiene un final, nos alineamos con la naturaleza y aprendemos a vivir en armonía con ella. Esta aceptación nos proporciona una paz profunda, ya que nos liberamos del sufrimiento que proviene de la resistencia a lo inevitable. Al comprender que somos parte de un todo mayor, nuestras preocupaciones individuales pierden parte de su gravedad, y podemos encontrar consuelo en la idea de que nuestras acciones y nuestra vida tienen un significado que trasciende nuestra existencia física. La comprensión del orden universal también nos inspira a vivir de acuerdo con nuestras virtudes, ya que cada acción que realizamos contribuye al bien común y al equilibrio del todo. Esta perspectiva nos ayuda a encontrar sentido en la muerte, ya que nos permite verla no como una pérdida, sino como una contribución al ciclo continuo de la vida. Aceptar nuestro lugar en el orden natural nos permite dejar de lado el miedo y encontrar paz en la certeza de que nuestra existencia, aunque breve, forma parte de algo infinitamente más grande.

Conclusión: La Paz como Resultado de la Aceptación Activa

Las prácticas estoicas para encontrar paz en lo inevitable nos enseñan que la serenidad ante la muerte y la adversidad no es un estado que se alcanza por casualidad, sino el resultado de un esfuerzo consciente y deliberado. La reflexión diaria, la dicotomía del control, la visualización negativa, el desapego y la aceptación del orden universal son herramientas que nos permiten cultivar una mentalidad resiliente y una actitud de aceptación activa frente a las realidades ineludibles de la vida.

La paz, según los estoicos, no es la ausencia de dificultades, sino la capacidad de enfrentar esas dificultades con una mente clara y un corazón firme. Aceptar la muerte y las inevitables pérdidas que trae consigo nos permite vivir con más plenitud y gratitud. Al comprender que cada momento es único y efímero, aprendemos a valorarlo y a vivirlo con una mayor intensidad y autenticidad. La paz estoica no es una resignación pasiva, sino una aceptación activa que nos impulsa a vivir de manera virtuosa, alineada con nuestros principios y en armonía con el orden natural. Al encontrar paz en lo inevitable, no solo aprendemos a enfrentar la muerte con serenidad, sino que también aprendemos a vivir con un propósito más profundo y significativo, haciendo de cada día una expresión de nuestra mejor versión.

CONCLUSIÓN: EL CAMINO HACIA LA SERENIDAD ESTOICA

El camino hacia la serenidad estoica no es simplemente una serie de conceptos filosóficos que uno adopta de manera superficial; es un proceso profundo de transformación interna que requiere dedicación, reflexión y práctica constante. La filosofía estoica nos invita a desarrollar una vida fundamentada en la virtud, la razón y la aceptación de aquello que está fuera de nuestro control. Este enfoque nos permite alcanzar un estado de serenidad que no depende de las circunstancias externas, sino de nuestra capacidad para vivir en congruencia con nuestros principios y para responder de manera equilibrada ante las inevitables realidades de la existencia, como la adversidad, la pérdida y, en última instancia, la muerte.

Aceptar lo Inevitable y Redefinir el Éxito

La filosofía estoica nos enseña que la verdadera serenidad se encuentra en la aceptación de lo inevitable y en la práctica constante de la virtud. Aceptar lo inevitable no significa resignarse de forma pasiva ante los desafíos de la vida, sino enfrentarlos con valentía y ecuanimidad, reconociendo que no podemos cambiar ciertos aspectos de la realidad, pero sí podemos controlar nuestra actitud y nuestras acciones. Esta distinción entre lo que podemos y lo que no podemos controlar es la esencia de la serenidad estoica. Cuando aprendemos a enfocar nuestra energía en lo que depende de nosotros y dejamos de lado la preocupación por aquello que escapa a nuestro control, liberamos nuestra mente de una carga innecesaria y encontramos un sentido profundo de paz interior.

En este sentido, los estoicos redefinen el concepto de éxito. En lugar de medir el éxito en términos de logros externos, como el reconocimiento, la riqueza o el poder, el éxito se define en función de la coherencia interna, la virtud y la capacidad de actuar de acuerdo con nuestros valores, independientemente de las circunstancias externas. Epicteto nos recuerda que la verdadera libertad proviene de la autodisciplina y de la capacidad de vivir en armonía con la naturaleza. La serenidad, entonces, no se alcanza al evitar el sufrimiento o al lograr una vida sin dificultades, sino al cultivar una mente capaz de enfrentar las dificultades con una actitud serena y virtuosa. El camino hacia la serenidad también nos enseña a replantear nuestra relación con el sufrimiento. Los estoicos entendían que el sufrimiento es una parte inevitable de la condición humana, pero sostenían que nuestro sufrimiento se incrementa cuando resistimos lo que no podemos cambiar o cuando reaccionamos de manera emocionalmente descontrolada ante los desafíos. La práctica de la reflexión, la visualización negativa y la aceptación de la impermanencia nos ayuda a prepararnos mental y emocionalmente para las dificultades, de modo que podamos enfrentarlas con una mayor fortaleza y resiliencia. La serenidad se convierte, entonces, en un estado que se logra no al evitar el dolor, sino al aprender a transitarlo con sabiduría y templanza.

La Virtud como la Guía Suprema del Vivir

En la búsqueda de la serenidad estoica, la virtud se presenta como la guía suprema del vivir. Para los estoicos, la virtud no es solo una serie de cualidades morales, sino la capacidad de actuar de manera correcta, en el momento adecuado, y con la intención adecuada. La virtud se expresa en cuatro pilares fundamentales: la sabiduría, la justicia, el coraje y la templanza. Estos pilares nos proporcionan un marco para navegar por la vida con integridad y para encontrar paz incluso en medio de las situaciones más difíciles. La sabiduría nos ayuda a discernir lo que es realmente importante y a tomar decisiones que estén alineadas con el bien común y nuestros principios más elevados.

La justicia nos recuerda la importancia de actuar con equidad, de respetar a los demás y de contribuir al bienestar de la comunidad. El coraje nos permite enfrentar los desafíos con valentía, sin temor a lo desconocido ni a lo inevitable, mientras que la templanza nos enseña a mantener el equilibrio y la moderación, evitando los excesos y las reacciones impulsivas. Al cultivar estas virtudes, aprendemos a vivir de una manera que trasciende los altibajos de la vida cotidiana y que nos proporciona una base sólida sobre la cual construir nuestra serenidad. La virtud nos permite actuar con intención y propósito, nos ayuda a mantener nuestra integridad en tiempos de crisis, y nos guía hacia un sentido de satisfacción profunda que no depende de factores externos. La serenidad estoica es, por lo tanto, el resultado de vivir una vida orientada por la virtud, en la que nuestras acciones y decisiones están alineadas con nuestros valores más profundos.

El Papel del Memento Mori en la Serenidad

Un aspecto esencial del camino hacia la serenidad estoica es la constante reflexión sobre nuestra propia mortalidad, conocida como *memento mori*. Lejos de ser una práctica morbosa, el *memento mori* es una invitación a vivir de manera más plena y consciente, al reconocer la inevitabilidad de la muerte y usar esa conciencia para dar un sentido de urgencia y significado a nuestra vida. La reflexión sobre la muerte nos recuerda que el tiempo es limitado y que cada momento es un regalo que no se repetirá. Este reconocimiento nos ayuda a dejar de lado las preocupaciones triviales y a enfocarnos en lo que realmente importa.

El *memento mori* también nos libera del miedo a la muerte, que es una de las principales fuentes de ansiedad y sufrimiento humano. Al aceptar la muerte como una parte natural de la vida, aprendemos a verla no como un enemigo, sino como un recordatorio de la importancia de vivir con autenticidad y propósito. Esta aceptación nos permite enfrentar el futuro sin temor, ya que comprendemos que, aunque no podemos controlar cuándo o cómo moriremos, sí podemos controlar cómo elegimos vivir hasta ese momento.

Esta perspectiva nos brinda una serenidad que trasciende el miedo y nos permite disfrutar de la vida con una actitud más libre y agradecida. La práctica del *memento mori* también nos enseña a valorar a quienes nos rodean. Al recordar que todos compartimos la misma condición de mortalidad, nos volvemos más compasivos, más amables e inclinados a perdonar. La conciencia de la muerte nos impulsa a no dar por sentado el tiempo que tenemos con nuestros seres queridos y a esforzarnos por crear recuerdos significativos. Esta conciencia nos conecta más profundamente con los demás y nos permite construir relaciones más auténticas y enriquecedoras, que son una fuente importante de paz y satisfacción en la vida.

La Serenidad como una Aceptación Activa y Comprometida

La serenidad estoica no es una serenidad pasiva; es una aceptación activa y comprometida con la vida tal como es, no como desearíamos que fuera. Aceptar no significa renunciar a la mejora o a la acción, sino actuar con la conciencia plena de que, aunque nuestros esfuerzos pueden no siempre tener éxito, la virtud está en el intento mismo, en la dedicación a vivir de acuerdo con nuestros principios. Esta aceptación activa implica comprometerse a vivir cada día con intencionalidad, a enfrentar las adversidades con valor y a cultivar una mente serena que no se vea arrastrada por las emociones perturbadoras.

El camino hacia la serenidad también implica un cambio en nuestra forma de pensar sobre los eventos que nos afectan. Como nos recuerda Epicteto, "No son las cosas las que nos perturban, sino nuestras opiniones sobre ellas". La serenidad se logra cuando somos capaces de cambiar nuestras percepciones, de reinterpretar los desafíos y las dificultades desde una perspectiva de aprendizaje y crecimiento, en lugar de verlos como tragedias personales. Al adoptar una actitud de aceptación activa, nos capacitamos para transformar nuestras circunstancias en oportunidades para practicar la virtud y fortalecer nuestra resiliencia.

El compromiso con la serenidad también implica el cultivo constante de la gratitud. La gratitud, para los estoicos, no es simplemente una emoción pasajera, sino una práctica deliberada de reconocer y apreciar lo que tenemos, incluso en medio de las dificultades. Al enfocarnos en lo que tenemos en lugar de en lo que nos falta, podemos desarrollar una actitud positiva que nos permita enfrentar las inevitables pérdidas de la vida con una mayor sensación de paz y satisfacción. La gratitud nos recuerda que, aunque la vida está llena de incertidumbres, siempre hay algo por lo que podemos estar agradecidos, y esa perspectiva nos ayuda a mantener nuestra serenidad incluso en los momentos más oscuros.

El Legado de la Serenidad Estoica

El camino hacia la serenidad estoica no es solo un viaje individual; es también un legado que podemos dejar para los demás. Al vivir de acuerdo con los principios estoicos y cultivar la serenidad en nuestra vida, nos convertimos en un ejemplo para quienes nos rodean. Nuestra actitud serena ante la adversidad puede inspirar a otros a buscar su propia paz interior y a enfrentar los desafíos con mayor valentía y ecuanimidad. La serenidad estoica es contagiosa, ya que tiene el poder de transformar no solo nuestra vida, sino también la vida de aquellos con quienes interactuamos.

El legado de la serenidad estoica también se encuentra en las acciones que realizamos en el mundo. Al actuar con integridad, justicia y compasión, contribuimos al bienestar de la comunidad y dejamos una huella positiva que trasciende nuestra existencia física. La serenidad nos permite actuar sin el miedo al fracaso o al juicio externo, lo que nos capacita para contribuir al bien común de una manera más auténtica y significativa. Esta contribución es un reflejo de nuestra serenidad interna y de nuestro compromiso con vivir una vida virtuosa, que es el verdadero objetivo del estoicismo.

Conclusión Final: Vivir con Serenidad en un Mundo Incierto

El camino hacia la serenidad estoica es, en última instancia, un camino de autoconocimiento, aceptación y acción virtuosa. Es un viaje que nos invita a enfrentar nuestras propias limitaciones, a aceptar la naturaleza incierta de la vida y a encontrar paz en el cultivo de la virtud y en la práctica constante de los principios estoicos. La serenidad que buscamos no es la ausencia de dificultades, sino la capacidad de mantenernos firmes y ecuánimes ante ellas, de vivir con un propósito profundo y de actuar siempre de acuerdo con nuestros valores más elevados. En un mundo lleno de incertidumbres, el estoicismo nos ofrece un faro que nos guía hacia la serenidad. Nos enseña que, aunque no podemos controlar lo que sucede a nuestro alrededor, sí podemos controlar nuestras respuestas y nuestra actitud. Nos recuerda que la verdadera paz proviene de la aceptación de lo inevitable, del cultivo de la virtud y de la conexión con los demás desde un lugar de compasión y comprensión.

Al caminar por el sendero de la serenidad estoica, descubrimos que la paz no es un destino, sino una forma de vivir que nos permite enfrentar cada día con coraje, gratitud y una profunda sensación de significado. El camino hacia la serenidad estoica es, en esencia, un camino hacia la libertad. Nos libera del miedo, del apego y de la preocupación constante, y nos invita a vivir con una mayor ligereza y autenticidad. Nos permite aceptar nuestra humanidad, con todas sus imperfecciones, y encontrar belleza y propósito en el simple hecho de existir. Al aprender a vivir con serenidad, descubrimos que la verdadera riqueza no se encuentra en lo que poseemos, sino en la calidad de nuestra experiencia y en nuestra capacidad de vivir con amor, compasión y virtud. Este es el legado del estoicismo: una vida vivida en plenitud, en paz y en profunda conexión con el orden natural del universo.

MEDITACIONES DE UN VERDADERO ESTOICO

El estoicismo es una filosofía que no solo se estudia, sino que también se vive y se practica diariamente.

Las meditaciones estoicas son una herramienta fundamental para cultivar la mente, fortalecer el carácter y dirigir la vida hacia la virtud y la serenidad. Cada meditación es una oportunidad para profundizar en la introspección, evaluar nuestras acciones y encontrar el equilibrio necesario para enfrentar las adversidades de la vida con ecuanimidad.

A continuación, encontrarás 100 meditaciones diseñadas para ayudarte en este viaje de autoconocimiento y desarrollo espiritual.

Meditación 1: Sobre la Brevedad de la Vida: Recuerda que la vida es corta y frágil. Cada día que se va, es un día menos en el tiempo limitado que se nos ha otorgado. En lugar de temer esta realidad, utilízala como un recordatorio para vivir con plena intención.

Reflexiona sobre la brevedad del tiempo y utiliza cada momento con sabiduría, buscando cultivar la virtud y contribuir al bien común. No malgastes tus días en preocupaciones inútiles ni en perseguir deseos superficiales; enfócate en lo que verdaderamente tiene valor. La brevedad de la vida nos exhorta a actuar con prontitud y a no postergar lo que sabemos que es correcto. Recuerda que cada respiración es un regalo que no está garantizado.

Meditación 2: La Dicotomía del Control como Camino hacia la Libertad: La verdadera libertad se encuentra en aprender a diferenciar entre aquello que está bajo nuestro control y aquello que no lo está. La mente, los pensamientos, las acciones y las decisiones son lo único sobre lo cual tenemos dominio absoluto. Todo lo demás —las opiniones de los demás, los eventos externos, la muerte— no depende de nosotros.

El sufrimiento nace de intentar controlar lo que no podemos. Por lo tanto, enfócate en tu propia voluntad y acepta todo lo demás con serenidad. Es a través de esta aceptación que lograrás una verdadera paz interna. Cultiva la habilidad de soltar lo que está fuera de tu control y de dirigir tu energía hacia lo que sí puedes influenciar: tu actitud y tus acciones.

Meditación 3: Aceptar la Naturaleza como un Todo Mayor: Tú eres una pequeña parte de un todo vasto y complejo. No te desconectes de la naturaleza ni te veas a ti mismo como algo separado de ella. Todo en el universo está interrelacionado, y cada cosa tiene su propósito dentro del orden natural.

Así como una hoja cae en el otoño porque ese es su destino, así también los eventos en tu vida tienen su propósito dentro del orden mayor. No te resistas a lo que es natural; acepta tu papel en el todo y busca armonizarte con la naturaleza. Recuerda que cada evento, por difícil que parezca, forma parte de un plan mayor que tú no siempre puedes comprender. En la aceptación de este hecho reside la verdadera sabiduría.

Meditación 4: La Muerte como consejera Silenciosa: La muerte es la gran igualadora de la vida. No discrimina y llega para todos, sin importar el rango, la riqueza o el conocimiento. En lugar de temerla, deberías verla como una consejera silenciosa que te recuerda la importancia de vivir plenamente.

Deja que la certeza de la muerte te inspire a vivir de una manera virtuosa y significativa. Reflexiona sobre la muerte cada día, no como algo que te oprima, sino como una motivación para no desperdiciar tu tiempo en banalidades. ¿Qué importancia tiene el miedo a la opinión de los demás cuando recuerdas que la muerte nos espera a todos? Vive con el propósito de dejar un legado que trascienda la finitud de tu vida.

Meditación 5: Practicar el Desapego para Encontrar Libertad: Nada de lo que tienes es realmente tuyo. Ni tu cuerpo, ni tus bienes materiales, ni incluso tus seres queridos. Todo es prestado por la naturaleza, y en cualquier momento puede ser reclamado.

Practica el desapego, no porque no valores lo que tienes, sino precisamente porque lo valoras y entiendes su naturaleza efímera.

El apego crea sufrimiento, porque el deseo de retener algo que no podemos poseer permanentemente nos lleva al dolor y la angustia. Aprende a disfrutar de lo que la vida te ofrece sin aferrarte a ello. Aprecia cada experiencia y cada relación como un regalo temporal, sabiendo que su valor radica precisamente en su impermanencia.

Meditación 6: La Importancia de la Virtud sobre el Placer y el Dolor: La vida está llena de placeres y dolores, pero ninguno de ellos es la verdadera medida de la calidad de nuestra existencia. La virtud, por otro lado, es lo que nos permite trascender tanto el placer como el dolor.

Cuando actuamos con integridad, justicia, coraje y sabiduría, encontramos un sentido profundo de satisfacción que no está sujeto a las fluctuaciones de las emociones. No busques el placer ni evites el dolor a toda costa; en cambio, busca siempre actuar de manera virtuosa, y encontrarás una paz duradera que va más allá de las circunstancias. Los placeres y los dolores son pasajeros, pero la virtud es lo que da sentido a la vida.

Meditación 7: La Serenidad a Través del Pensamiento Racional: Las emociones incontroladas son a menudo el resultado de pensamientos irracionales. Cuando permitimos que nuestras mentes se inunden con miedos infundados, expectativas irreales y deseos desmedidos, perdemos el equilibrio interno.

La razón es la herramienta que tenemos para analizar nuestras emociones y entender si realmente tienen un fundamento válido. Antes de dejarte llevar por el miedo, la ira o la tristeza, pregúntate: ¿es racional esta emoción? ¿Hay algo que pueda hacer para cambiar la situación? Si la respuesta es sí, actúa. Si la respuesta es no, acepta la realidad y permite que la serenidad vuelva a tu mente. La razón es la brújula que guía al alma hacia la calma y la claridad.

Meditación 8: Amar el Destino (Amor Fati): El amor fati es uno de los principios más poderosos del estoicismo: amar el destino, aceptar todo lo que sucede como algo necesario y útil para nuestro crecimiento. No basta con soportar lo inevitable; debemos aprender a amarlo.

Cada evento, ya sea placentero o doloroso, es una oportunidad para aprender, crecer y fortalecernos. Ama lo que la vida te trae, incluso si no es lo que habías deseado. Esta aceptación activa te dará una profunda paz interior y te permitirá vivir con una ligereza que proviene de la certeza de que todo tiene su razón de ser. No te límites a tolerar las circunstancias; abrázalas y aprende a ver la belleza en cada momento.

Meditación 9: La Importancia del Presente: El pasado ya no está en tu poder y el futuro es incierto, pero el presente es el único momento que verdaderamente posees. Cuando te preocupas por el futuro o te lamentas por el pasado, desperdicias la oportunidad de vivir el momento presente con plenitud.

Concéntrate en lo que puedes hacer aquí y ahora. Cada acción que tomas en el presente es una semilla que plantas para el futuro, pero no debes quedarte atrapado en los resultados. Haz lo mejor que puedas hoy, y deja que el futuro se cuide a sí mismo. Vivir en el presente es la clave para encontrar serenidad, porque nos libera de la ansiedad que proviene de la incertidumbre del mañana y del arrepentimiento por el ayer.

Meditación 10: La Compasión como Expresión de la Virtud: Todos los seres humanos están luchando una batalla interna. Cada persona que encuentras tiene sus propios desafíos, miedos y dolores. Cultiva la compasión hacia los demás, porque al final todos compartimos la misma fragilidad humana.

La compasión no es debilidad; es una expresión de la fortaleza interna que surge de la comprensión profunda de la condición humana. Cuando trates con los demás, recuerda que ellos, al igual que tú, están tratando de encontrar su camino en un mundo incierto. Actúa con amabilidad y paciencia. Al mostrar compasión, no solo ayudas a aliviar el sufrimiento de los demás, sino que también contribuyes a tu propia serenidad y sentido de propósito.

Meditación 11: Sobre la Justicia y la Conexión con los Demás: La justicia es una virtud esencial en la vida estoica. Vivir de manera justa implica reconocer que formamos parte de una comunidad más amplia y que nuestras acciones afectan a los demás.

Cada decisión que tomamos tiene un impacto no solo en nuestra vida, sino también en la vida de quienes nos rodean. Practicar la justicia significa actuar con equidad, tratar a los demás con respeto y contribuir al bien común. Al cultivar la justicia, nos conectamos con nuestra naturaleza social y encontramos un sentido de pertenencia que trasciende el egoísmo. La justicia nos recuerda que no estamos solos y que nuestra verdadera fuerza radica en nuestra capacidad de trabajar juntos y apoyarnos mutuamente.

Meditación 12: Sobre el Valor del Silencio y la Escucha Activa: El silencio es una herramienta poderosa en la vida del estoico. En un mundo donde las palabras son lanzadas sin consideración, el valor del silencio se convierte en un refugio de sabiduría.

Practica el silencio no solo para evitar palabras innecesarias, sino también para aprender a escuchar. Escuchar activamente a los demás te permite entender sus perspectivas y mostrar empatía. El silencio también es una oportunidad para la introspección y la reflexión. Antes de hablar, considera si tus palabras contribuirán al bien común y si realmente es necesario decirlas. Al valorar el silencio, aprendes a hablar con intención y a cultivar una mente más serena.

Meditación 13: El Poder del Autoconocimiento: Conócete a ti mismo. El autoconocimiento es la base de toda práctica filosófica y moral. Examina tus pensamientos, tus motivaciones y tus deseos, y pregúntate si están alineados con tus valores más profundos.

A menudo, nuestras acciones son dictadas por impulsos que no hemos cuestionado, y solo a través del autoconocimiento podemos transformar esos impulsos en acciones virtuosas. Conocer tus fortalezas y debilidades te permite trabajar en ellas, ser más comprensivo contigo mismo y crecer. El autoconocimiento es el primer paso hacia la autodisciplina, y la autodisciplina es la clave para una vida guiada por la razón y la virtud.

Meditación 14: La Aceptación de la Imperfección: Nadie es perfecto, y eso incluye a cada uno de nosotros. Acepta tus errores y tus imperfecciones como parte de tu proceso de crecimiento. La filosofía estoica no exige la perfección; exige el esfuerzo constante por mejorar y el compromiso con la virtud.

No te castigues por tus fallos, pero tampoco los ignores. Aprende de ellos, y utilízalos como oportunidades para crecer y fortalecer tu carácter. La serenidad se encuentra en la aceptación de lo que somos, incluyendo nuestras limitaciones. Al aceptar nuestra imperfección, también aprendemos a ser más comprensivos y pacientes con los demás, reconociendo que todos estamos en el mismo viaje hacia la mejora.

Meditación 15: La Gratitud como Práctica Deliberada: La gratitud es un pilar esencial de la serenidad estoica. Practicar la gratitud deliberadamente nos ayuda a enfocarnos en lo que tenemos, en lugar de lo que nos falta. Todos los días, dedica un momento a reflexionar sobre las bendiciones en tu vida. Puede ser algo tan simple como un amanecer, la compañía de un ser querido, o incluso las lecciones aprendidas a través de la adversidad. La gratitud nos enseña a valorar lo que tenemos aquí y ahora, y nos ayuda a mantener una actitud positiva incluso en momentos difíciles. Al cultivar la gratitud, encontramos una fuente inagotable de paz y satisfacción en nuestro interior.

Meditación 16: El Coraje de Enfrentar la Verdad: El coraje no es solo enfrentar peligros físicos; es también la capacidad de mirar la verdad de frente, incluso cuando es incómoda o dolorosa. No te escondas detrás de ilusiones ni evites reconocer tus errores o tus debilidades. Aceptar la verdad es el primer paso hacia el cambio y la mejora.

Los estoicos valoraban la honestidad consigo mismos porque sabían que solo al enfrentar la verdad se puede progresar en el camino hacia la virtud. La verdad, aunque a veces incómoda, es siempre una aliada en la búsqueda de la sabiduría y la excelencia moral. No temas lo que descubras al mirar dentro de ti; es allí donde comienza el verdadero crecimiento.

Meditación 17: Sobre el Desapego del Elogio y la Crítica: El elogio y la crítica son dos caras de la misma moneda y ambos están fuera de nuestro control. No permitas que los elogios inflen tu ego ni que la crítica desmorone tu espíritu. Lo que los demás piensen de ti no es algo que puedas controlar; lo único que puedes controlar es tu respuesta a esas opiniones.

Si te aferras al elogio, vivirás siempre en búsqueda de la aprobación de los demás, perdiendo tu autenticidad. Si temes la crítica, te paralizarás y evitarás actuar. Vive de acuerdo con tus valores, y deja que los demás tengan sus propias opiniones. Recuerda que la verdadera satisfacción viene de saber que estás actuando con integridad y virtud.

Meditación 18: La Naturaleza de los Obstáculos: Los obstáculos no son impedimentos para tu progreso; son el camino hacia el desarrollo. Marco Aurelio escribió: "El impedimento para la acción avanza la acción. Lo que se interpone en el camino se convierte en el camino". Esta es una de las ideas más poderosas del estoicismo. Los desafíos y las dificultades no son barreras que nos detienen, sino oportunidades que nos permiten crecer y fortalecer nuestro carácter.

Cada obstáculo que enfrentas te da la oportunidad de practicar la paciencia, la resiliencia y la creatividad. En lugar de resistirte a los obstáculos, abrázalos como oportunidades para avanzar en tu camino hacia la virtud.

Meditación 19: La Importancia de la Comunidad y la Conexión Humana: El ser humano es un ser social por naturaleza. Los estoicos valoraban enormemente la comunidad y la conexión humana, entendiendo que todos estamos interconectados. Practicar la justicia y la bondad hacia los demás no solo contribuye al bienestar de la sociedad, sino que también nos aporta una profunda satisfacción interna.

Vive con el propósito de contribuir al bien común y sé consciente del impacto de tus acciones en quienes te rodean. No te aísles ni pienses que puedes encontrar la verdadera serenidad en soledad absoluta; la paz se cultiva también en la conexión con los demás, en el apoyo mutuo y en el trabajo conjunto para mejorar el mundo que compartimos.

Meditación 20: La Vida como un Flujo Constante: Nada en la vida permanece igual. Todo está en constante cambio: las estaciones, nuestras emociones, nuestras relaciones, nuestras circunstancias. Aceptar la naturaleza cambiante de la vida es fundamental para alcanzar la serenidad.

La resistencia al cambio es una de las mayores fuentes de sufrimiento, porque el cambio es inevitable. En lugar de resistirte, fluye con la vida y adapta tus pensamientos y acciones a la realidad del momento. La flexibilidad mental te permitirá enfrentar los cambios con una mente tranquila y un espíritu resiliente. Recuerda que, así como nada bueno dura para siempre, tampoco lo hacen las dificultades. Todo está en constante movimiento, y esa es la naturaleza de la existencia.

Meditación 21: No Temas al Fracaso: El fracaso es una parte natural del aprendizaje y del crecimiento. No temas al fracaso, porque es a través de él que encontramos nuestras mayores oportunidades de desarrollo. Cada error es una lección, cada tropiezo es una oportunidad para levantarse más fuerte.

Los estoicos sabían que el fracaso no define a una persona; lo que la define es su capacidad de aprender y de seguir adelante. No permitas que el miedo al fracaso te impida actuar. Vive con coraje, acepta los errores cuando sucedan y sigue adelante con un espíritu renovado. El fracaso solo tiene poder sobre ti si tú se lo concedes. En cambio, úsalo como un maestro, y encontrarás en cada caída una oportunidad para ser mejor.

Meditación 22: La Templanza como Clave del Equilibrio: La templanza es la virtud que nos enseña a moderar nuestros deseos y emociones, a no dejarnos llevar por los excesos. En un mundo donde se nos incita constantemente a buscar el placer y evitar el dolor a cualquier costo, la templanza nos ofrece una forma de encontrar equilibrio y serenidad.

Practica la moderación en todo lo que hagas, ya sea en el comer, el beber, el trabajar o el divertirte. La templanza no se trata de renunciar a los placeres de la vida, sino de disfrutarlos sin permitir que se conviertan en una fuente de dependencia o sufrimiento. Al cultivar la templanza, encuentras una forma de vivir que no está sujeta a los altibajos de los deseos insaciables.

Meditación 23: La Acción en Lugar de la Queja: Los estoicos nos enseñan a enfocar nuestras energías en la acción, no en la queja. Cuando nos enfrentamos a situaciones difíciles, es fácil caer en la tentación de quejarnos y lamentarnos por lo que ha sucedido. Sin embargo, la queja no cambia las circunstancias; solo nos debilita y nos hace sentir más impotentes. En lugar de quejarte, pregúntate: ¿Qué puedo hacer para mejorar esta situación? Si hay algo que puedas hacer, actúa con prontitud. Si no hay nada que puedas hacer, acepta la realidad con serenidad. La queja es un desperdicio de energía; la acción y la aceptación son el camino hacia la libertad y la paz interior.

Meditación 24: La Práctica de la Autodisciplina: La autodisciplina es el cimiento sobre el cual se construye una vida virtuosa. La serenidad y la libertad no se alcanzan sin esfuerzo; requieren un compromiso diario con la mejora personal y el control de nuestros deseos e impulsos. La autodisciplina no es una restricción, sino una forma de autoliderazgo.

Nos permite ser dueños de nuestras acciones en lugar de estar a merced de los impulsos y las circunstancias. Practica la autodisciplina para mantenerte alineado con tus valores, para evitar el placer fácil que lleva al arrepentimiento y para actuar de acuerdo con lo que realmente te beneficiará a largo plazo. La autodisciplina te fortalece y te permite experimentar la verdadera libertad que proviene de vivir bajo el dominio de tu razón y no de tus apetitos.

Meditación 25: La Naturaleza de la Percepción y la Realidad: No son los eventos los que nos perturban, sino la percepción que tenemos de ellos. Los estoicos nos enseñan que nuestros pensamientos, no las circunstancias externas, son la causa principal de nuestras emociones y de nuestro sufrimiento.

Cuando enfrentes un evento desafiante, examina tus pensamientos al respecto. Pregúntate si tu percepción está alineada con la realidad o si está siendo distorsionada por el miedo, el deseo o la ira. Recuerda que tú tienes el poder de cambiar tu perspectiva, de reinterpretar los eventos de una manera que te empodere. La serenidad se alcanza no al cambiar las circunstancias, sino al cambiar nuestra percepción de ellas. Al trabajar en la manera en que percibes el mundo, te liberas del sufrimiento innecesario y encuentras paz en medio de la adversidad.

Meditación 26: Vivir con Coraje, No con Miedo: El miedo es una de las emociones más debilitantes y limitantes, ya que nos impide actuar y nos mantiene atrapados en un estado de parálisis. Los estoicos nos invitan a enfrentar nuestros miedos y a vivir con coraje. El coraje no es la ausencia de miedo, sino la capacidad de actuar a pesar del miedo.

Cuando el miedo se apodere de ti, pregúntate si lo que temes realmente está bajo tu control o si es una preocupación innecesaria. Si lo que temes está fuera de tu control, acepta la incertidumbre y sigue adelante. Si está dentro de tu control, actúa con valentía. Vivir con coraje significa elegir lo correcto, incluso cuando es difícil, y no permitir que el miedo determine nuestras acciones.

Meditación 27: Sobre la Impermanencia de las Emociones: Las emociones son como las olas del océano; suben y bajan, vienen y van. Ninguna emoción, ya sea de placer o dolor, dura para siempre. Al recordar la impermanencia de las emociones, aprendemos a no aferrarnos a los momentos de placer ni a temer a los momentos de tristeza.

Cuando sientas alegría, disfrútala sin aferrarte a ella, sabiendo que pasará. Cuando sientas tristeza, recuerda que también pasará, y que no define tu vida ni tu valor como persona. Al aceptar la naturaleza efímera de las emociones, podemos experimentar una serenidad profunda que no se ve afectada por los altibajos emocionales. Aprende a observar tus emociones sin dejar que te controlen, como un espectador observa las olas en la orilla del mar.

Meditación 28: La Importancia del Perdón: El perdón es un acto de liberación. Cuando guardamos rencor hacia los demás, nos atamos emocionalmente al pasado y permitimos que el dolor y la ira determinen nuestras acciones. El perdón no es un regalo para la persona que nos ha hecho daño; es un regalo para nosotros mismos.

Nos libera de la carga del resentimiento y nos permite avanzar con ligereza. Practicar el perdón no significa aprobar las acciones de los demás, sino aceptar que todos somos falibles y que aferrarnos al rencor solo nos causa sufrimiento. Aprende a perdonar, tanto a los demás como a ti mismo. La vida es demasiado corta para vivir cargando el peso de las heridas del pasado.

Meditación 29: La Belleza del Desapego Material: Los bienes materiales pueden ser una fuente de placer temporal, pero nunca nos proporcionan una felicidad duradera. Los estoicos nos enseñan a practicar el desapego material, no porque los bienes sean intrínsecamente malos, sino porque el apego a ellos nos lleva al sufrimiento.

El valor de una persona no está determinado por lo que posee, sino por su carácter y sus virtudes. Practica la gratitud por lo que tienes, pero no te aferres a ello. Recuerda que los bienes materiales son efímeros y que su pérdida no disminuye tu valor como ser humano. Al practicar el desapego, encuentras una libertad interior que no depende de las circunstancias externas.

Meditación 30: Sobre el Respeto a Uno Mismo: El respeto a uno mismo es esencial para una vida virtuosa. Cuando actuamos de manera contraria a nuestros valores o cuando nos permitimos ser tratados con menos respeto del que merecemos, perdemos nuestra dignidad. Los estoicos nos invitan a actuar siempre de manera que podamos respetarnos a nosotros mismos.

No comprometas tus principios por complacer a los demás ni permitas que otros te falten al respeto. Tu dignidad no está en venta y no depende de la aprobación externa. El verdadero respeto proviene de vivir de acuerdo con tus valores y de saber que, independientemente de las circunstancias, te mantuviste fiel a ti mismo.

Meditación 31: La Naturaleza del Amor Estoico: El amor, según los estoicos, no es una emoción irracional que nos arrebata el control, sino un sentimiento profundo de conexión y deseo de bienestar por los demás. Practica el amor como una extensión de tu naturaleza virtuosa. Ama a los demás no por lo que pueden ofrecerte, sino simplemente porque son seres humanos que, al igual que tú, luchan, sufren y buscan la felicidad.

El amor estoico no está condicionado a la reciprocidad ni se limita a quienes nos agradan. Aprende a amar incluso a quienes te han hecho daño, porque el amor genuino no busca recompensas ni teme al rechazo. Al practicar este tipo de amor, encuentras una fuente inagotable de paz y satisfacción.

Meditación 32: Sobre la Aceptación de los Ciclos de la Vida: La vida está compuesta por ciclos: nacimiento y muerte, éxito y fracaso, alegría y tristeza. Al igual que las estaciones cambian, nuestra vida está en constante movimiento. Acepta los ciclos de la vida con serenidad, sabiendo que cada etapa tiene su propósito y su belleza.

No te aferres a la primavera ni temas al invierno; ambos son necesarios y forman parte del todo. La resistencia a los cambios naturales de la vida es una fuente de sufrimiento. En lugar de resistirte, aprende a fluir con los ciclos, adaptándote a cada uno de ellos con una mente tranquila y un corazón agradecido. Aceptar los ciclos de la vida te permitirá encontrar paz en medio de la incertidumbre.

Meditación 33: La Responsabilidad de Actuar: La acción es un componente esencial del estoicismo. La virtud no es algo que simplemente se contempla; es algo que se practica y se vive. Cuando te enfrentas a una situación que requiera acción, no te paralices por el miedo o la duda. Pregúntate: ¿qué es lo correcto? Y luego actúa.

La inacción, motivada por la incertidumbre o el temor al error, es un obstáculo para la práctica de la virtud. Recuerda que no siempre tienes el control sobre los resultados, pero siempre tienes el control sobre la intención y la acción. La responsabilidad de actuar con virtud es lo que define al verdadero estoico, incluso cuando los resultados no sean los esperados.

Meditación 34: Sobre la Paz en la Soledad: La soledad no debe ser temida, sino abrazada como una oportunidad para el autoconocimiento y el crecimiento personal. Aprender a estar en paz con uno mismo, sin la constante compañía o validación de los demás, es un signo de verdadera fortaleza interior.

La soledad te brinda la oportunidad de reflexionar sobre tu vida, de profundizar en tus pensamientos y de cultivar una relación más profunda contigo mismo. No busques la compañía para evitar estar solo con tus pensamientos; aprende a encontrar en la soledad un momento de introspección y serenidad. Cuando puedas estar en paz contigo mismo, serás libre de la necesidad de buscar la aprobación constante de los demás.

Meditación 35: La Libertad Interna frente a la Esclavitud del Deseo: La verdadera libertad no es una cuestión de circunstancias externas, sino de nuestra capacidad para no ser esclavos de nuestros deseos y pasiones. Los deseos que no se controlan se convierten en cadenas invisibles que nos atan a las preocupaciones y al sufrimiento. Aprende a discernir entre los deseos que son naturales y necesarios, y aquellos que son superfluos y nacen de la vanidad o la presión social. El deseo desmedido te aparta de la paz y la serenidad. La libertad interna se alcanza cuando aprendes a vivir satisfecho con lo que tienes, cuando no eres un prisionero de lo que deseas obtener. Al practicar la moderación en tus deseos, descubres una fuente de satisfacción que proviene de dentro, no de las cosas externas.

Meditación 36: La Prudencia en la Acción: La prudencia es la virtud que nos guía a actuar con sabiduría y deliberación. No todas las acciones son beneficiosas, y no todos los impulsos deben ser seguidos. Antes de actuar, pregúntate si lo que estás a punto de hacer está alineado con tus valores, si contribuirá al bien común y si es la mejor opción disponible.

La prudencia no es timidez ni miedo a actuar, sino la capacidad de evaluar cuidadosamente las consecuencias de nuestras acciones y de actuar solo cuando estemos seguros de que nuestras acciones son justas y virtuosas. Al cultivar la prudencia, actuamos con sabiduría y evitamos arrepentimientos innecesarios. Cada acción debe ser una manifestación de nuestro mejor juicio, y la prudencia nos permite alcanzar esa claridad.

Meditación 37: La Inmutabilidad del Carácter en Tiempos Difíciles: El verdadero carácter se revela en la adversidad. Es fácil ser virtuoso cuando la vida es cómoda, pero es en los momentos de dificultad cuando se pone a prueba nuestro compromiso con la virtud. No permitas que las dificultades te lleven a comprometer tus principios. Mantén la calma, la paciencia y la integridad incluso cuando las circunstancias sean desfavorables.

Recuerda que la adversidad no puede cambiar quién eres si decides mantenerte firme en tus valores. No importa cuán intensa sea la tormenta que enfrentes, tu carácter debe ser como una roca firme que no se erosiona con las olas. La verdadera serenidad proviene de mantener tu integridad, incluso cuando todo lo demás parece desmoronarse.

Meditación 38: El Propósito del Dolor: El dolor, aunque a menudo lo evitemos, tiene un propósito en nuestra vida. Nos enseña, nos fortalece y nos transforma. Los estoicos no buscaban el dolor, pero tampoco lo evitaban a cualquier costo. Comprendían que el dolor es una oportunidad para practicar la resiliencia, la paciencia y el desapego.

Cuando experimentes dolor, en lugar de resistirlo o intentar escapar de él, míralo como una oportunidad de crecimiento. Pregúntate qué puedes aprender de esa experiencia, cómo puedes utilizarla para ser más fuerte y compasivo. El dolor no es el enemigo; es un maestro que nos recuerda la fragilidad de nuestra condición humana y nos invita a encontrar el valor en medio de la adversidad.

Meditación 39: La Ecuanimidad ante la Fortuna y la Desgracia: La vida está llena de altibajos; la fortuna y la desgracia se alternan como las estaciones del año. Los estoicos nos enseñan a mantener la ecuanimidad tanto en los momentos de éxito como en los de fracaso. No permitas que la buena fortuna te haga arrogante ni que la desgracia te lleve a la desesperación.

Recuerda que ambas son transitorias y que tu valor no depende de ellas. La verdadera fortaleza radica en mantenerte equilibrado, en no permitir que las circunstancias externas determinen tu paz interna. Aprende a recibir tanto la fortuna como la desgracia con la misma calma y gratitud, sabiendo que ninguna de ellas define quién eres. Solo tú decides quién eres, a través de tus acciones y actitudes.

Meditación 40: La Búsqueda de la Sabiduría como Propósito de Vida: La búsqueda de la sabiduría es un viaje sin fin, un propósito que debe guiar toda nuestra existencia. Los estoicos valoraban la sabiduría por encima de todas las demás cualidades, ya que es la que nos permite vivir de acuerdo con la naturaleza, actuar con virtud y encontrar paz en medio de las dificultades.

Nunca te consideres sabio; siempre hay algo más por aprender, siempre hay formas de mejorar. La humildad es parte de la sabiduría, ya que nos permite abrirnos al aprendizaje continuo.

Dedica tu vida a buscar el conocimiento, a comprender mejor la naturaleza del mundo y de ti mismo, y a utilizar esa comprensión para actuar de una manera que contribuya al bien común y a la paz interior.

Meditación 41: Sobre el Valor del Tiempo: El tiempo es el recurso más valioso que poseemos, y, sin embargo, a menudo lo desperdiciamos como si fuera infinito. Reflexiona sobre cómo utilizas tu tiempo cada día. Pregúntate si estás dedicando tu tiempo a lo que realmente importa, a lo que te hace crecer como persona y te permite vivir de acuerdo con tus valores.

Cada día que pasa es un día que no volverá, y cada momento perdido es una oportunidad que jamás recuperarás. No permitas que las distracciones o la pereza te roben el tiempo que podrías dedicar a la mejora personal, a la virtud o a ayudar a los demás. Vive cada día con intención, sabiendo que el tiempo es un regalo y que, al final, lo único que tendrás serán los recuerdos de cómo decidiste utilizarlo.

Meditación 42: La Autenticidad como Expresión de la Virtud: Ser auténtico es una expresión fundamental de la virtud estoica. No intentes ser lo que los demás esperan de ti, ni cambies tu comportamiento para agradar a los demás. La autenticidad significa actuar siempre de acuerdo con tus valores y principios, incluso cuando sea difícil o impopular.

No temas mostrarte tal como eres, con tus virtudes y también con tus defectos. La autenticidad requiere coraje, pero es el camino hacia una vida plena y significativa. Cuando eres auténtico, vives sin máscaras, sin preocuparte por la aprobación externa, y encuentras una paz interna que no se puede alcanzar de ninguna otra manera. La autenticidad es la base de la verdadera libertad, porque te libera de la necesidad de complacer a los demás.

Meditación 43: La Reflexión Constante como Guía: Reflexiona constantemente sobre tus acciones, tus pensamientos y tus motivaciones. La reflexión es una herramienta esencial para el crecimiento personal, ya que nos permite examinar nuestras vidas y asegurarnos de que estamos viviendo de acuerdo con nuestros principios.

Cada noche, dedica un momento a repasar tu día, a evaluar si actuaste con virtud, si fuiste fiel a tus valores, y qué podrías mejorar. La reflexión no debe ser un ejercicio de autocrítica destructiva, sino una oportunidad para aprender y crecer. Al reflexionar sobre nuestras acciones, cultivamos la consciencia y nos aseguramos de que nuestras vidas no se desvíen del camino de la virtud. La reflexión es la brújula que nos mantiene alineados con nuestro propósito.

Meditación 44: La Fortaleza Interna como Pilar de la Serenidad: La fortaleza interna es el pilar sobre el cual se construye la serenidad. No siempre podemos controlar lo que sucede a nuestro alrededor, pero siempre podemos controlar cómo respondemos. La fortaleza interna nos permite enfrentar las dificultades con una actitud de aceptación y resiliencia, sin dejar que las circunstancias nos dominen. La vida presentará desafíos, y habrá momentos de dolor y pérdida, pero la verdadera fortaleza radica en mantener la calma, el valor y la integridad incluso en esos momentos. La fortaleza interna se cultiva a través de la práctica constante de la virtud, la reflexión y la aceptación de la naturaleza transitoria de todas las cosas. Es esta fortaleza la que nos permite mantener la serenidad, pase lo que pase.

Meditación 45: La Naturaleza del Deber y el Compromiso: Los estoicos enseñan que todos tenemos deberes que cumplir, tanto hacia nosotros mismos como hacia los demás. Estos deberes no son obligaciones externas que nos imponen, sino compromisos que asumimos voluntariamente porque comprendemos su importancia para el bien común. Cumple con tus deberes con diligencia y sin quejarte, ya que es a través de la acción comprometida que encontramos propósito y significado.

El deber puede ser algo tan simple como cuidar de un ser querido o cumplir con las responsabilidades de tu trabajo. Al cumplir con tus deberes, contribuyes al orden del universo y practicas la justicia y la responsabilidad. La paz se encuentra en el cumplimiento de nuestros deberes, en la certeza de que estamos haciendo nuestra parte para el bienestar de todos.

Meditación 46: La Importancia de la Moderación en los Placeres: El placer no es intrínsecamente malo, pero buscarlo de manera desmedida puede llevarnos al sufrimiento y la dependencia. La moderación en los placeres es clave para vivir una vida equilibrada y virtuosa.

Los estoicos no rechazaban el placer, pero tampoco permitían que se convirtiera en el objetivo central de sus vidas. Aprende a disfrutar de los placeres de la vida sin volverte esclavo de ellos. Comer, beber, descansar o disfrutar de la compañía de otros son placeres que enriquecen nuestra vida, siempre que se experimenten con moderación y sin excesos. La moderación te permitirá mantener tu libertad y evitar los dolores que vienen con la búsqueda constante e insaciable del placer.

Meditación 47: Sobre el Control de las Emociones: Las emociones no deben ser suprimidas ni negadas, pero tampoco debemos permitir que nos controlen. Los estoicos nos enseñan a reconocer nuestras emociones, comprender de dónde vienen y responder a ellas de una manera racional. Si permitimos que nuestras emociones nos gobiernen, seremos como hojas arrastradas por el viento, sin dirección ni estabilidad. Aprende a observar tus emociones sin juzgarte, sin dejarte llevar por impulsos irracionales. Practica la pausa antes de reaccionar. Pregúntate: ¿Es esta emoción útil? ¿Me ayuda a actuar de acuerdo con mis valores? Al aprender a gestionar tus emociones, desarrollarás una serenidad interior que no se ve afectada por los altibajos de la vida.

Meditación 48: La Virtud del Silencio: El silencio es una virtud que nos invita a reflexionar antes de hablar, a valorar la importancia de nuestras palabras y a evitar comentarios innecesarios o dañinos. A menudo hablamos por impulso, sin considerar el impacto de nuestras palabras en los demás y en nosotros mismos.

Practicar la virtud del silencio no significa ser pasivo o callado en todo momento, sino aprender a hablar solo cuando nuestras palabras puedan mejorar la situación, aportar algo valioso o contribuir al bien común. El silencio también nos permite escuchar mejor a los demás, comprender sus puntos de vista y aprender. Al cultivar el silencio, aprendemos a usar nuestras palabras con sabiduría y propósito.

Meditación 49: La Comprensión de la Naturaleza Humana: Comprender la naturaleza humana es esencial para desarrollar la compasión y la aceptación hacia nosotros mismos y hacia los demás. Todos somos seres falibles, propensos a cometer errores y a ser guiados por nuestras emociones.

Al comprender esto, podemos ser más pacientes y compasivos con los defectos de los demás, y también con los nuestros. No esperes perfección ni de ti mismo ni de los demás. Entiende que todos estamos luchando nuestras propias batallas internas y que la vida es un proceso constante de aprendizaje. La comprensión de la naturaleza humana nos ayuda a practicar la justicia, la compasión y a encontrar serenidad al no exigir lo imposible de quienes nos rodean.

Meditación 50: La Libertad de los Juicios Externos: No eres lo que los demás piensan de ti. Los juicios externos sobre tu vida no determinan tu valor ni tu identidad. Los demás pueden opinar, juzgar y criticar, pero esas opiniones no tienen poder sobre ti a menos que tú se lo otorgues.

Aprende a liberarte de la necesidad de aprobación y del temor al juicio ajeno. Vive de acuerdo con tus valores, actúa con integridad y deja que los demás piensen lo que deseen. La libertad interna radica en no depender de las opiniones externas para determinar tu autoestima o tu sentido de propósito. Al liberarte de los juicios de los demás, encontrarás una paz que proviene de la auténtica aceptación de ti mismo.

Meditación 51: La Aceptación del Fracaso como Parte del Proceso: El fracaso es una parte inevitable del proceso de aprendizaje y de la vida. Todos, en algún momento, hemos fallado o fallaremos. En lugar de temer al fracaso o dejar que te defina, acéptalo como una oportunidad para aprender, para crecer y para acercarte más a la virtud.

Cada fracaso tiene algo que enseñarnos, ya sea sobre nosotros mismos, sobre nuestras habilidades o sobre nuestras limitaciones. No veas el fracaso como un fin, sino como un peldaño más en el camino hacia el desarrollo personal. Aprende a evaluar tus errores con honestidad, sin autocrítica destructiva, y utilízalos como un impulso para mejorar.

Meditación 52: La Conexión con la Naturaleza: El ser humano es parte de la naturaleza, no algo separado de ella. Los estoicos valoraban la conexión con la naturaleza como una forma de encontrar equilibrio y serenidad. Sal a caminar, respira aire fresco, observa el cielo, escucha el sonido de los árboles. Conectar con la naturaleza nos recuerda nuestra verdadera esencia y nos ayuda a poner en perspectiva nuestras preocupaciones cotidianas.

La naturaleza nos muestra que todo es transitorio, que la vida sigue su curso sin importar nuestras preocupaciones y que nosotros somos una pequeña parte de algo mucho mayor. La contemplación de la naturaleza puede ser una fuente de paz, inspiración y gratitud.

Meditación 53: La Serenidad en la Incertidumbre: La incertidumbre es una constante en la vida, y muchas veces intentamos luchar contra ella en un intento de sentirnos seguros. Sin embargo, la verdadera serenidad no proviene de eliminar la incertidumbre, sino de aceptarla como parte natural de la existencia.

Aprende a vivir sin la necesidad de saber siempre lo que va a suceder. La vida es impredecible, y eso es lo que la hace valiosa y emocionante. Al aceptar la incertidumbre, te liberas del miedo al futuro y de la necesidad de controlar cada aspecto de tu vida. En lugar de preocuparte por lo que podría pasar, enfócate en lo que puedes hacer hoy para vivir con virtud y propósito.

Meditación 54: La Templanza en el Uso de la Palabra: Las palabras tienen un poder inmenso; pueden construir o destruir, inspirar o herir. Practicar la templanza en el uso de la palabra implica hablar con cuidado, decir solo lo que es necesario y verdadero, y evitar palabras que puedan causar daño innecesario.

Antes de hablar, pregúntate si tus palabras son útiles, si están alineadas con la verdad y si contribuirán al bienestar de los demás. La templanza en el lenguaje también significa evitar la exageración, la mentira y el chisme. Al hablar con moderación y verdad, cultivamos la confianza, el respeto y la serenidad tanto en nuestras relaciones con los demás como con nosotros mismos.

Meditación 55: La Aceptación del Pasado: El pasado es algo que no podemos cambiar. Las decisiones que tomamos, las palabras que dijimos y los errores que cometimos forman parte de nuestra historia, pero no definen nuestro futuro. Aceptar el pasado implica dejar ir el arrepentimiento y la culpa, reconociendo que hicimos lo mejor que pudimos con la información y las habilidades que teníamos en ese momento. Aprende de tus errores, pero no te quedes atrapado en ellos. El pasado es una lección, no una prisión. Al aceptar el pasado tal como fue, te liberas para vivir plenamente el presente y construir un futuro alineado con tus valores y aspiraciones.

Meditación 56: La Importancia del Servicio a los Demás: Los estoicos creían que una vida virtuosa y plena incluye el servicio a los demás. No estamos en este mundo solo para nosotros mismos, sino para contribuir al bien común y ayudar a quienes nos rodean.

Practicar el servicio nos conecta con nuestra naturaleza humana y nos permite trascender nuestro egoísmo. Ya sea en pequeños actos de amabilidad o en esfuerzos más grandes por mejorar la sociedad, el servicio a los demás nos brinda un propósito y un sentido profundo de satisfacción. Recuerda que la verdadera grandeza no está en lo que posees, sino en lo que das. Al servir a los demás, también nos servimos a nosotros mismos, cultivando la compasión y el amor.

Meditación 57: Sobre la Resiliencia y la Fortaleza Mental: La resiliencia es la capacidad de adaptarse y superar las dificultades. No importa cuán grande sea la adversidad que enfrentes, siempre hay una manera de seguir adelante. Los estoicos nos enseñan que la fortaleza mental no es la ausencia de problemas, sino la capacidad de enfrentarlos con valentía y serenidad. Cuando la vida te golpee, levántate con una mente renovada, aprende de la experiencia y sigue avanzando. Cada desafío es una oportunidad para fortalecer tu carácter, para demostrarte a ti mismo que eres más fuerte de lo que pensabas. La resiliencia te permite mantener la esperanza y la determinación incluso en los momentos más oscuros.

Meditación 58: La Paz Interior como Meta Suprema: La paz interior es la meta suprema de la filosofía estoica. No es la ausencia de problemas o desafíos, sino la capacidad de mantener la calma y la claridad en medio de ellos. La paz interior se cultiva a través de la práctica constante de la virtud, el autoconocimiento y la aceptación de lo que no podemos controlar.

No busques la paz en el exterior, en las posesiones materiales o en la aprobación de los demás. La verdadera paz se encuentra dentro de ti, en la certeza de que estás viviendo de acuerdo con tus valores y haciendo lo mejor que puedes en cada momento. Al cultivar la paz interior, encontrarás una serenidad que no depende de las circunstancias externas.

Meditación 59: La Tranquilidad frente al Dolor Físico: El dolor físico es una experiencia que todos enfrentaremos en algún momento de la vida. Los estoicos enseñaban que, aunque el dolor físico es inevitable, el sufrimiento mental que lo acompaña puede ser controlado. Aprende a observar el dolor sin permitir que domine tu mente.

En lugar de resistirte al dolor, acéptalo como parte de la experiencia humana y recuerda que tú eres más que tu cuerpo. Practica la respiración consciente, mantén la calma y enfócate en aquello que puedes controlar: tu actitud y tus pensamientos. La mente tiene el poder de superar el dolor físico, y la serenidad se encuentra en no dejar que el dolor gobierne tu espíritu.

Meditación 60: Sobre el Agradecimiento por la Vida: La vida misma es un regalo que no siempre valoramos lo suficiente. Cada día que despiertas es una oportunidad para crecer, para amar y para contribuir al bien común. Practica el agradecimiento por la vida en sí misma, por las oportunidades que se te presentan y por las lecciones que aprendes, incluso en los momentos difíciles.

Al cultivar una actitud de gratitud, encuentras belleza y significado en cada aspecto de la existencia, y desarrollas una perspectiva positiva que te ayuda a enfrentar los desafíos con serenidad y optimismo. Recuerda que la gratitud es una fuente inagotable de alegría, y que, al valorar la vida en su totalidad, vivirás con mayor intensidad y propósito.

Meditación 61: La Serenidad en la Imperfección de los Demás: Nadie es perfecto, y eso incluye a cada persona con la que te relacionas. Las expectativas irreales hacia los demás son una fuente constante de frustración y decepción. Los estoicos nos enseñan a aceptar la imperfección humana como parte de la naturaleza.

Cuando alguien actúe de manera incorrecta, recuerda que también tú has cometido errores y que todos estamos en un proceso de aprendizaje. Practica la paciencia y la compasión hacia los defectos de los demás. Al aceptar la imperfección de quienes te rodean, aprenderás a liberarte del resentimiento y a cultivar relaciones más auténticas y enriquecedoras. La serenidad proviene de aceptar a los demás tal como son, sin exigir lo imposible.

Meditación 62: La Alegría en lo Simple: En la búsqueda constante de grandes logros o posesiones, a menudo olvidamos la alegría que se encuentra en las cosas simples de la vida. Los estoicos valoraban la sencillez como un camino hacia la serenidad y la plenitud.

Disfruta de una conversación sincera, un paseo al aire libre, el calor del sol en tu rostro, el sabor de una comida sencilla. La verdadera felicidad no se encuentra en los excesos, sino en aprender a valorar y disfrutar lo que tenemos a nuestro alcance en cada momento. Al cultivar la capacidad de encontrar alegría en lo simple, nos liberamos de la necesidad de buscar constantemente algo más y aprendemos a vivir con una satisfacción genuina.

Meditación 63: La Mente como Fuente de Libertad o Prisión: Tu mente puede ser tu mayor aliada o tu peor enemiga. Los pensamientos tienen el poder de liberarnos o de esclavizarnos. Aprende a observar tus pensamientos y a cuestionarlos. No todos los pensamientos que tienes son ciertos, y no todos merecen tu atención.

Practica el discernimiento y elige alimentar aquellos pensamientos que te empoderan, que te alinean con la virtud y que te permiten actuar con serenidad. Los pensamientos negativos, irracionales o llenos de temor pueden convertirse en una prisión si les permitimos tomar el control. La libertad comienza con la mente. Al cultivar una mente tranquila y enfocada en lo que realmente importa, encontrarás una paz que no puede ser arrebatada por las circunstancias externas.

Meditación 64: Sobre el Aceptar los Tiempos de la Vida: Cada etapa de la vida tiene su belleza y sus desafíos. Los estoicos nos enseñan a aceptar cada fase de la existencia con gratitud, sin añorar el pasado ni temer el futuro. La juventud, la madurez y la vejez son partes del ciclo natural de la vida, y cada una de ellas tiene algo que ofrecer.

Acepta el paso del tiempo y los cambios que trae consigo, no como una pérdida, sino como una evolución natural. En lugar de aferrarte a lo que ya fue o de preocuparte por lo que vendrá, vive plenamente cada etapa, extrayendo lo mejor de cada momento. Al aceptar los tiempos de la vida con serenidad, te liberas del sufrimiento que proviene de resistir lo inevitable.

Meditación 65: El Valor de la Honestidad: La honestidad es una de las virtudes más esenciales para una vida plena. Ser honesto con los demás y, sobre todo, contigo mismo, es un pilar fundamental del estoicismo. No te engañes sobre tus motivaciones, tus errores o tus debilidades.

La honestidad nos permite crecer, porque solo cuando reconocemos nuestras fallas podemos trabajar en ellas. Ser honesto también implica decir la verdad a los demás, pero siempre de manera respetuosa y constructiva. La honestidad no se trata de herir con la verdad, sino de contribuir al bien común con ella. Al practicar la honestidad, cultivas la confianza y la integridad, lo que te permite vivir con una conciencia tranquila y un corazón en paz.

Meditación 66: Sobre la No Dependencia del Placer: El placer puede ser disfrutable, pero la búsqueda constante del placer como objetivo de vida nos lleva al sufrimiento y la insatisfacción. Los estoicos enseñaban que la verdadera satisfacción no se encuentra en el placer, sino en la virtud. El placer es efímero y, una vez obtenido, a menudo deja un vacío que buscamos llenar con más.

No dependas del placer para ser feliz. En su lugar, enfócate en vivir con virtud, en actuar con propósito y en contribuir al bien de los demás. Cuando el placer venga, disfrútalo con moderación, pero no permitas que se convierta en el centro de tu vida. La verdadera plenitud se encuentra en el crecimiento personal y en la conexión con los demás.

Meditación 67: La Justicia como Pilar de la Virtud: La justicia es la virtud que nos impulsa a actuar de manera equitativa, a respetar los derechos de los demás y a contribuir al bien común. Ser justo no es siempre fácil, pero es esencial para una vida virtuosa. Actúa con justicia, no solo cuando es conveniente, sino también cuando es difícil. No permitas que el miedo o el deseo de agradar te lleven a comprometer tu sentido de lo que es justo. Al actuar con justicia, no solo contribuyes al bienestar de la comunidad, sino que también te conviertes en un ejemplo de integridad y rectitud. La justicia nos conecta con los demás y nos recuerda que nuestra verdadera naturaleza es vivir en armonía con quienes nos rodean.

Meditación 68: La Importancia de la Autoaceptación: Aceptar quién eres, con tus fortalezas y debilidades, es fundamental para vivir con serenidad. La autoaceptación no implica conformarse con los defectos, sino reconocerlos y trabajar en ellos sin el peso de la autocrítica destructiva.

No te compares constantemente con los demás; cada persona tiene su propio camino y sus propios desafíos. Aprende a valorar tus cualidades y a aceptar tus limitaciones, entendiendo que la perfección no es el objetivo. La autoaceptación te permite vivir con autenticidad y cultivar una paz interna que no se ve afectada por las expectativas externas. Al aceptarte tal como eres, también aprenderás a aceptar a los demás con mayor compasión y empatía.

Meditación 69: La Reflexión sobre el Propósito de Vida: ¿Qué es lo que realmente quieres lograr en la vida? Los estoicos nos invitan a reflexionar sobre nuestro propósito, a tener claridad sobre lo que es verdaderamente importante para nosotros. El propósito de vida no se trata de alcanzar un objetivo específico, sino de vivir de una manera que refleje nuestros valores y contribuya al bien común.

Reflexiona sobre tus motivaciones, sobre lo que te impulsa a actuar, y asegúrate de que tus acciones estén alineadas con tu propósito. Al tener claridad sobre lo que es importante para ti, podrás vivir con más intención y evitarás perderte en distracciones que no contribuyen a tu desarrollo o a tu felicidad.

Meditación 70: La Paciencia como Manifestación de la Sabiduría: La paciencia es una virtud que nos permite enfrentar las dificultades sin perder la calma y la perspectiva. En un mundo que valora la inmediatez, la paciencia es un acto de resistencia y sabiduría. Aprende a ser paciente con los demás, con las circunstancias y, sobre todo, contigo mismo. El crecimiento personal, la consecución de metas y el desarrollo de relaciones auténticas requieren tiempo.

No te desesperes por resultados inmediatos. La verdadera satisfacción proviene del esfuerzo constante y de la confianza en el proceso. Practicar la paciencia te permitirá mantener la serenidad y la determinación incluso cuando los resultados no sean visibles de inmediato.

Meditación 71: Sobre la Aceptación de la Muerte de los Seres Queridos: Perder a un ser querido es una de las experiencias más dolorosas de la vida. Los estoicos nos enseñan a aceptar la muerte como una parte natural del ciclo de la vida. La muerte de quienes amamos no es algo que podamos evitar, y resistirnos a aceptarla solo prolonga nuestro sufrimiento.

En lugar de enfocarte en la pérdida, recuerda los momentos compartidos, el amor que recibiste y la influencia positiva que esa persona tuvo en tu vida. La aceptación de la muerte de los seres queridos no significa que no debamos sentir dolor, sino que debemos encontrar una manera de honrar su memoria viviendo con más propósito y amor.

Meditación 72: La No Reacción Ante la Ira: La ira es una emoción poderosa que, cuando no se controla, puede llevarnos a actuar de manera irracional y dañina. Los estoicos nos enseñan a no reaccionar de inmediato ante la ira, sino a tomar un momento para respirar, reflexionar y actuar con sabiduría.

Cuando sientas ira, recuerda que tienes el poder de decidir cómo responder. No permitas que la ira dicte tus acciones. En su lugar, utiliza esa energía para reflexionar sobre la situación y encontrar una solución constructiva.

La serenidad se encuentra en la capacidad de observar la ira sin dejarte arrastrar por ella. Al controlar tu respuesta, desarrollas una fortaleza interna que te permite mantener el equilibrio incluso en momentos de conflicto.

Meditación 73: La Adaptación al Cambio: El cambio es inevitable, y nuestra capacidad de adaptarnos a él determina nuestra serenidad y felicidad. Los estoicos nos enseñan a aceptar el cambio con gracia, sin resistirnos ni aferrarnos a lo que ya no está. Todo está en constante movimiento, y lo que hoy es cierto mañana puede no serlo.

Aprende a fluir con los cambios, a encontrar nuevas oportunidades en las circunstancias que se presentan y a soltar lo que ya no tiene lugar en tu vida. La adaptación al cambio no es resignación, sino una forma de mantener la mente abierta y flexible, dispuesta a aprender y crecer en cualquier situación. Al aceptar el cambio como parte natural de la vida, encontrarás una paz que no puede ser perturbada por las fluctuaciones externas.

Meditación 74: La Riqueza Verdadera Está en la Virtud: La verdadera riqueza no se encuentra en el dinero o en las posesiones materiales, sino en la virtud y en la capacidad de vivir una vida alineada con nuestros valores. La acumulación de bienes materiales puede brindar comodidad, pero no garantiza la paz interior ni la satisfacción.

Los estoicos enseñaban que la única riqueza que verdaderamente importa es la virtud, porque es lo único que depende completamente de nosotros y que no puede ser arrebatado por las circunstancias externas. Dedica tu vida a cultivar la sabiduría, la justicia, el coraje y la templanza, y encontrarás una riqueza que trasciende cualquier posesión física.

Meditación 75: La Serenidad Ante la Pérdida Material: Las pérdidas materiales son inevitables. Puedes perder dinero, propiedades o bienes debido a circunstancias fuera de tu control. Los estoicos nos enseñan a aceptar estas pérdidas sin aferrarnos ni lamentarnos de manera innecesaria.

Recuerda que todo lo material es temporal y que no determina tu verdadero valor como persona. Si pierdes algo, acepta la pérdida con serenidad y sigue adelante, enfocándote en lo que sí puedes controlar: tus acciones, tu actitud y tu capacidad para comenzar de nuevo. La serenidad se encuentra en no depender de lo material para ser feliz, sino en encontrar paz y propósito en la virtud y en la conexión con los demás.

Meditación 76: La Disciplina como Camino hacia la Libertad: La disciplina es la herramienta que nos permite ser libres. Puede parecer paradójico, pero sin disciplina somos esclavos de nuestros deseos, nuestros miedos y nuestras emociones. La verdadera libertad proviene del control sobre uno mismo, de la capacidad de actuar de acuerdo con nuestros valores y no de acuerdo con impulsos o deseos momentáneos.

Practica la autodisciplina en todo lo que hagas, desde tu trabajo hasta tus relaciones, desde la forma en que gestionas tu tiempo hasta cómo cuidas de tu cuerpo. Al ser disciplinado, te conviertes en el dueño de tu vida y puedes actuar de manera alineada con tus principios, lo que te proporciona una satisfacción y una libertad profundas.

Meditación 77: La Mente como Jardín a Cultivar: Tu mente es como un jardín; lo que siembres en ella determinará lo que cosecharás. Si siembras pensamientos negativos, de temor o resentimiento, cosecharás sufrimiento y angustia. En cambio, si siembras pensamientos de gratitud, compasión y aceptación, tu mente florecerá con paz y serenidad. Practica la vigilancia de tus pensamientos, elige conscientemente lo que permites crecer en tu mente y erradica las malas hierbas que puedan surgir. Al igual que un jardín requiere cuidado constante, tu mente también necesita atención y esfuerzo para cultivar la serenidad y la virtud. Con el tiempo, encontrarás que tu mente se convierte en un refugio de paz, en lugar de un lugar de conflicto.

Meditación 78: La Paciencia con el Proceso de Aprendizaje: El aprendizaje es un proceso que lleva tiempo, y es natural cometer errores en el camino. No te frustres ni te desanimes si no logras alcanzar tus metas de inmediato. La paciencia es una virtud que te permitirá continuar avanzando, incluso cuando los progresos parezcan pequeños o insignificantes.

Aprende a valorar cada paso, por pequeño que sea, y recuerda que el crecimiento personal es un viaje que dura toda la vida. La paciencia con uno mismo es esencial para desarrollar una relación saludable con el proceso de aprendizaje. Cada error es una lección, y cada dificultad es una oportunidad para fortalecer tu carácter y tu comprensión del mundo.

Meditación 79: Sobre la Importancia de la Resiliencia en las Relaciones: Las relaciones humanas, al igual que todo en la vida, enfrentan desafíos y momentos difíciles. Practicar la resiliencia en nuestras relaciones significa no rendirnos ante los conflictos, sino aprender a superarlos juntos, a crecer y a fortalecernos a partir de ellos.

La resiliencia también implica saber cuándo es necesario soltar una relación que ya no contribuye al bienestar de ambos. Los estoicos valoraban la calidad sobre la cantidad en las relaciones, entendiendo que la conexión humana auténtica requiere esfuerzo, comprensión y paciencia. Al ser resiliente en tus relaciones, puedes mantener el compromiso de actuar con amor y compasión, incluso en los momentos difíciles.

Meditación 80: La Serenidad en la Humildad: La humildad es una virtud que nos permite aceptar nuestras limitaciones y ser conscientes de que siempre hay algo nuevo que aprender. Los estoicos enseñaban que la verdadera sabiduría comienza con el reconocimiento de nuestra propia ignorancia. No pretendas saberlo todo ni actúes desde la arrogancia; la humildad te permite mantener la mente abierta y seguir creciendo.

Ser humilde también implica reconocer el valor en los demás, aceptar sus conocimientos y estar dispuesto a aprender de ellos. Al cultivar la humildad, encuentras una serenidad que proviene de la libertad de no tener que demostrar nada, de aceptar quién eres y de valorar el conocimiento en lugar del ego.

Meditación 81: La Alegría de Servir: El servicio a los demás es una fuente de alegría y satisfacción. Los estoicos nos enseñan que nuestra naturaleza es social y que encontrar sentido en la vida implica contribuir al bienestar de quienes nos rodean. Practica el servicio desinteresado, ya sea con pequeños actos de bondad o en esfuerzos mayores por ayudar a tu comunidad. La alegría de servir no proviene de recibir reconocimiento o recompensa, sino del simple hecho de saber que has contribuido al bien común. Al vivir con el propósito de ayudar a los demás, encuentras un sentido profundo de propósito que trasciende las preocupaciones egoístas y te conecta con algo más grande que tú mismo.

Meditación 82: La Templanza en el Uso del Tiempo: El tiempo es un recurso limitado y valioso, y la templanza en su uso es esencial para vivir una vida plena. No malgastes tu tiempo en actividades que no contribuyen a tu bienestar o al de los demás. Aprende a decir "no" cuando sea necesario, y enfoca tu tiempo y energía en lo que verdaderamente importa. La templanza en el uso del tiempo también implica evitar el exceso de trabajo o el ocio sin propósito. Encuentra un equilibrio que te permita crecer, disfrutar y contribuir. Al ser consciente de cómo usas tu tiempo, puedes vivir con mayor intención y evitar el arrepentimiento por lo que no hiciste cuando tuviste la oportunidad.

Meditación 83: Sobre el Miedo a la Opinión de los Demás: El miedo a la opinión de los demás puede ser una prisión que nos impide vivir con autenticidad. Los estoicos nos enseñan a liberarnos de este miedo, recordándonos que no podemos controlar lo que los demás piensan de nosotros y que sus opiniones no determinan nuestro valor. Vive de acuerdo con tus principios, actúa con integridad y deja que los demás piensen lo que deseen. Cuando permites que el miedo a la opinión ajena dicte tus acciones, renuncias a tu libertad y a tu autenticidad. La verdadera serenidad se encuentra en vivir de manera coherente con tus valores, sin preocuparte por la aprobación o el rechazo de los demás.

Meditación 84: La Adaptación como Signo de Fortaleza: La capacidad de adaptarse a las circunstancias cambiantes es una señal de verdadera fortaleza. La vida está llena de situaciones imprevistas y, a menudo, fuera de nuestro control. En lugar de resistirte al cambio o de aferrarte a lo que ya no puede ser, aprende a adaptarte, a encontrar nuevas formas de seguir adelante y a aprovechar las oportunidades que surgen en medio de la incertidumbre.

La adaptabilidad es una forma de resiliencia que nos permite mantenernos fuertes y equilibrados incluso cuando todo a nuestro alrededor cambia. Al aceptar la necesidad de adaptarte, encontrarás una paz que proviene de la certeza de que puedes enfrentar cualquier desafío con una mente abierta y flexible.

Meditación 85: La Fortaleza en la Soledad: La soledad puede ser una oportunidad para el autoconocimiento y el desarrollo personal. No temas estar solo; la capacidad de encontrar paz en la soledad es una señal de fortaleza interna. La soledad te brinda la oportunidad de reflexionar sobre tu vida, de profundizar en tus pensamientos y de conectar contigo mismo sin distracciones externas.

Aprende a disfrutar de tu propia compañía, a valorar el tiempo contigo mismo como un momento de crecimiento y serenidad. Al encontrar fortaleza en la soledad, te liberas de la necesidad de buscar constantemente la compañía o la validación de los demás, y desarrollas una relación más profunda y significativa contigo mismo.

Meditación 86: La Virtud como Meta de Vida: La meta última de la vida, según los estoicos, es vivir de acuerdo con la virtud. La riqueza, el poder, el placer y la fama son metas efímeras y externas que no garantizan la felicidad ni la paz.

La virtud, en cambio, es algo que depende enteramente de ti, algo que puedes cultivar en cada momento, sin importar las circunstancias externas. Al hacer de la virtud tu meta de vida, vives con propósito y encuentras un sentido profundo de satisfacción en cada acción que realizas. La virtud te permite enfrentar la vida con coraje, justicia, sabiduría y templanza, y te guía hacia una vida plena y significativa.

Meditación 87: La Responsabilidad sobre Tus Pensamientos: Tus pensamientos son tuyos, y tú tienes la responsabilidad de gestionarlos. No permitas que los pensamientos negativos, de temor o resentimiento, tomen el control sin cuestionarlos.

Practica la vigilancia sobre tu mente, identifica los pensamientos que no contribuyen a tu bienestar y sustitúyelos por aquellos que te empoderan y te alinean con la virtud. Los pensamientos son la base de nuestras acciones, y al tomar responsabilidad sobre ellos, podemos dirigir nuestra vida hacia el crecimiento, la paz y la virtud. No eres víctima de tus pensamientos; eres su creador y, como tal, puedes moldearlos para que te lleven hacia la serenidad y la plenitud.

Meditación 88: La Conexión con la Naturaleza Humana: Todos los seres humanos compartimos una misma condición: somos vulnerables, propensos a cometer errores y estamos buscando nuestra manera de vivir una vida plena.

Al reconocer esta conexión común, podemos desarrollar una

mayor compasión hacia los demás y una mayor aceptación hacia nosotros mismos. No estamos solos en nuestras luchas y desafíos; todos estamos juntos en este viaje de vida. Practica la empatía y el entendimiento hacia quienes te rodean, recordando que cada persona tiene sus propias batallas y dificultades. Al conectar con la humanidad compartida, encontrarás una fuente de paz y de propósito que te permite vivir con más compasión y menos juicio.

Meditación 89: La Gratitud en Medio de la Adversidad: Es fácil ser agradecido cuando las cosas van bien, pero la verdadera práctica de la gratitud se muestra cuando encontramos razones para agradecer incluso en medio de la adversidad. Los estoicos nos enseñan a encontrar valor en todas las circunstancias, a ver cada desafío como una oportunidad para aprender y crecer.

Practica la gratitud no solo por lo bueno, sino también por lo difícil, ya que cada experiencia te brinda una oportunidad de fortalecerte, de mejorar y de demostrar tu virtud. Al cultivar la gratitud incluso en los momentos difíciles, desarrollas una resiliencia interna que te permite mantener la serenidad y la esperanza en cualquier circunstancia.

Meditación 90: El Desapego del Resultado: Haz lo mejor que puedas en cada acción, pero desapégate del resultado. Los estoicos nos enseñan que podemos controlar nuestras acciones, pero no siempre podemos controlar los resultados de esas acciones. Si te aferras al resultado, te arriesgas a sufrir cuando las cosas no salgan como esperabas.

En cambio, enfócate en lo que puedes controlar: tu esfuerzo, tu intención y tu virtud. Al desapegarte del resultado, encuentras libertad y paz, porque entiendes que el valor de tus acciones no depende de su éxito externo, sino de tu compromiso con la virtud y el propósito. Al actuar con intención y soltar el apego a los resultados, vivirás con una mente más tranquila y un corazón más ligero.

Meditación 91: La Belleza del Desapego Emocional: El desapego emocional no significa no sentir, sino aprender a no aferrarse a las emociones. Los estoicos nos enseñan a experimentar nuestras emociones sin dejarnos dominar por ellas.

La alegría, la tristeza, el miedo y la ira son todas parte de la experiencia humana, pero cuando nos aferramos a ellas o permitimos que nos controlen, perdemos nuestra libertad interna. Aprende a sentir sin apego, a dejar que las emociones fluyan como el agua de un río, sin tratar de retenerlas. Al practicar el desapego emocional, desarrollas una paz interna que no depende de la ausencia de emociones, sino de tu capacidad de observarlas sin quedar atrapado en ellas.

Meditación 92: Sobre la Importancia de la Confianza en Uno Mismo: La confianza en uno mismo es esencial para vivir una vida alineada con la virtud y el propósito. Esta confianza no se basa en la certeza de que no fallarás, sino en la certeza de que, sin importar lo que ocurra, serás capaz de levantarte y seguir adelante.

Confía en tu capacidad de aprender, de crecer y de actuar con integridad. No permitas que el miedo al fracaso o el juicio de los demás minen tu confianza. La verdadera confianza proviene de saber que, a pesar de las dificultades y los errores, siempre puedes regresar a tus valores y actuar de acuerdo con ellos. Al confiar en ti mismo, vives con una mayor sensación de libertad y empoderamiento.

Meditación 93: La Alegría de Vivir con Propósito: Vivir con propósito es lo que le da significado y alegría a la vida. El propósito no siempre tiene que ser algo grandioso o visible para los demás; puede ser algo tan simple como cuidar de tu familia, ser un buen amigo o contribuir al bienestar de tu comunidad. Reflexiona sobre lo que te apasiona, sobre lo que realmente importa para ti y haz de ello tu propósito.

Cuando vives alineado con tu propósito, cada día tiene un significado más profundo y cada acción se convierte en una expresión de tus valores. La alegría de vivir con propósito no depende de los resultados externos, sino de la satisfacción interna de saber que estás haciendo lo correcto.

Meditación 94: La Libertad de No Reaccionar Inmediatamente: No tienes que reaccionar inmediatamente ante cada provocación o estímulo. La capacidad de pausar antes de responder es una señal de fortaleza y sabiduría. Los estoicos enseñaban que la reacción inmediata suele estar impulsada por las emociones y que, al tomar un momento para respirar y reflexionar, podemos responder de una manera más alineada con nuestros valores. Practica la pausa antes de responder, ya sea a una crítica, a una ofensa o a una situación desafiante. Al darte el tiempo para considerar tu respuesta, te liberas del control de tus impulsos y puedes actuar de una manera que contribuya al bien común y a tu paz interna.

Meditación 95: La Paz en la Simplicidad del Ser: La sociedad moderna valora la acumulación: más cosas, más logros, más reconocimiento. Pero los estoicos nos enseñan que la verdadera paz se encuentra en la simplicidad del ser, en aprender a ser felices con lo que ya tenemos y con quiénes somos, sin buscar constantemente algo más. Practica la simplicidad en tu vida, no solo en el ámbito material, sino también en el emocional y mental. Aprende a ser suficiente para ti mismo, a encontrar satisfacción en la simple experiencia de ser y de vivir. La simplicidad te permite liberarte del peso de las expectativas innecesarias y encontrar una paz profunda que no depende de nada externo.

Meditación 96: El Valor de la Persistencia en la Virtud: Ser virtuoso no siempre es fácil, especialmente cuando enfrentamos dificultades o tentaciones que nos empujan a actuar en contra de nuestros principios. La persistencia es una virtud esencial que nos permite mantenernos firmes en el camino de la virtud, incluso cuando es difícil o cuando no vemos resultados inmediatos.

La persistencia en la virtud es lo que nos permite seguir actuando con justicia, coraje, sabiduría y templanza, sin importar las circunstancias. Cada día es una nueva oportunidad para persistir en el camino de la virtud, para aprender de los errores y para ser una mejor versión de nosotros mismos. La verdadera grandeza se encuentra en la perseverancia, en el compromiso constante con el bien.

Meditación 97: La Serenidad a Través de la Contemplación: La contemplación es una práctica que nos permite profundizar en la comprensión de nosotros mismos y del mundo que nos rodea. Dedica tiempo a la contemplación: reflexiona sobre la naturaleza, sobre el orden del universo, sobre tu lugar en él.

La contemplación nos ayuda a desarrollar una perspectiva más amplia, a ver nuestras preocupaciones cotidianas desde un ángulo diferente y a encontrar serenidad en el hecho de que somos parte de algo mucho mayor. La contemplación también nos conecta con el presente, nos permite apreciar la belleza y la grandeza de la vida tal como es. Al practicar la contemplación, encontrarás una paz que proviene de la conexión con el todo y de la aceptación de la vida en su totalidad.

Meditación 98: La Importancia de la Ecuanimidad: La ecuanimidad es la capacidad de mantener una mente equilibrada, sin importar lo que suceda a nuestro alrededor. En los momentos de éxito, no permitas que el orgullo te arrastre; en los momentos de fracaso, no dejes que la desesperación te consuma.

La vida está llena de altibajos, y la ecuanimidad nos permite navegar por ellos con una mente clara y un corazón sereno. Practica la ecuanimidad observando tus emociones sin juzgarlas ni dejarte llevar por ellas, recordando siempre que todo es transitorio. Al cultivar la ecuanimidad, encuentras una fortaleza interna que te permite enfrentar tanto los momentos difíciles como los placenteros con una actitud de gratitud y serenidad.

Meditación 99: La Aceptación de la Vulnerabilidad: Ser vulnerable no es un signo de debilidad, sino de valentía. Aceptar nuestra vulnerabilidad nos permite ser honestos con nosotros mismos y con los demás, abrirnos a la conexión auténtica y aceptar nuestra condición humana.

La vulnerabilidad es la base de la empatía, porque solo cuando aceptamos nuestras propias imperfecciones podemos comprender y conectar con las de los demás. Los estoicos nos enseñan que aceptar nuestra vulnerabilidad nos permite vivir con mayor autenticidad y desarrollar una relación más saludable con nosotros mismos. No temas mostrar tus debilidades; al hacerlo, te liberas del peso de la perfección y encuentras una fuerza que proviene de la autenticidad.

Meditación 100: La Serenidad en la Aceptación del Ciclo de la Vida: La vida, con todos sus altibajos, es un ciclo continuo de nacimiento, crecimiento, cambio y muerte. Los estoicos nos invitan a aceptar este ciclo con gratitud, entendiendo que cada fase de la vida tiene su propósito y su belleza.

La muerte no es un final trágico, sino una transición natural, una parte del orden universal que debemos aceptar con serenidad. Al aceptar el ciclo de la vida, aprendemos a vivir cada momento con plena conciencia, sin aferrarnos ni resistirnos a lo inevitable. La verdadera serenidad se encuentra en abrazar el ciclo de la vida con gratitud, viviendo cada día como si fuera el primero y el último, sin miedo al futuro ni arrepentimiento por el pasado.

Un Saludo a la Serenidad Estoica

Querido lector...

Has llegado al final de este viaje filosófico, un recorrido por los principios fundamentales del estoicismo y su visión serena de la vida, la muerte y todo lo que ocurre en medio. Espero que cada capítulo y cada meditación haya dejado en ti una semilla de reflexión, una inspiración para enfrentar los desafíos con valentía, aceptar las pérdidas con ecuanimidad, y valorar el presente con gratitud. El estoicismo no es solo un conjunto de ideas para leer, sino una práctica diaria para vivir. Nos invita a encontrar paz no en la ausencia de dificultades, sino en la aceptación de lo inevitable y en la dedicación a la virtud. Vivir como un verdadero estoico implica mirar hacia el mundo y hacia nosotros mismos con honestidad, empatía y coraje, buscando siempre ser la mejor versión posible. Recuerda siempre que la serenidad no es algo que se nos otorga, sino algo que cultivamos momento a momento. La aceptación, el propósito y la virtud son las guías que nos permiten navegar por la vida con claridad y paz. Este libro, y los pensamientos compartidos aquí, son solo el comienzo. Que cada día sea una oportunidad para poner en práctica estas enseñanzas, para profundizar en el autoconocimiento y para vivir una vida de auténtico propósito y serenidad. Gracias por haber compartido este camino y por tu compromiso con el crecimiento personal y la filosofía. Que la sabiduría de los estoicos te acompañe siempre, y que encuentres en cada momento, incluso en los más difíciles, una oportunidad para ser mejor y para vivir plenamente.
Con gratitud y respeto.

Milton Keynes UK
Ingram Content Group UK Ltd.
UKHW020006041224
452078UK00006B/503